Mídia, Raça e Idolatria

A INVENÇÃO DO PAÍS FUTEBOL

Mídia, Raça e Idolatria

Ronaldo Helal
Antonio Jorge Soares
Hugo Lovisolo

Mídia, Raça e Idolatria

A INVENÇÃO DO PAÍS FUTEBOL

Mídia, Raça e Idolatria

Mauad X

Reimpressão: 2007

2ª edição 2012

MAUAD Editora Ltda
Av Treze de Maio, 13, Grupo 507 a 509 - Centro
CEP 20031-000 — Rio de Janeiro — RJ
Tel.: (21) 2533.7422 — Fax: (21) 2220.4451
E-mail: mauad@uninet.com.br

Projeto gráfico (miolo):
Mateus Filipecki

Revisão:
Fernando Pinto

CATALOGAÇÃO-NA-FONTE
DEPARTAMENTO NACIONAL DO LIVRO

H4/74i
Helal, Ronaldo.
A invenção do país do futebol: mídia, raça e idolatria / Ronaldo Helal, Antonio Jorge Soares, Hugo Lovisolo. - Rio de Janeiro: Mauad, 2001.
168p. ; 14cm x 21cm
ISBN 85-7478-046-4 (broch.).
1.Futebol - Brasil. I. Soares, Antonio Jorge. II. Lovisolo, Hugo. III. Título.
CDD – 796.3340981

O auxílio do Fundo de Apoio À Pesquisa da Universidade do Estado do Rio de Janeiro/FAPERJ para o projeto do professor Ronaldo Helal foi fundamental para a viabilização deste livro.

ÍNDICE

Introdução.
Hugo Lovisolo – 9

História e a invenção de tradições no futebol brasileiro.
Antonio Jorge Soares – 13

Sociologia, história e romance na construção da identidade nacional através do futebol.
Ronaldo Helal
Cesar Gordon Jr. – 51

Saudoso futebol, futebol querido: a ideologia da denúncia.
Hugo Lovisolo – 77

O racismo no futebol do Rio de Janeiro nos anos 20: uma história de identidade.
Antonio Jorge Soares – 101

O futebol é fogo de palha: a "profecia" de Graciliano Ramos.
Antonio Jorge Soares
Hugo Lovisolo – 123

As idealizações de sucesso no imaginário brasileiro: um estudo de caso.
Ronaldo Helal – 135

Mídia, construção da derrota e o mito do herói.
Ronaldo Helal – 149

Introdução

Fazer a etnografia de um grupo ou sociedade significa, em princípio, ocupar-nos das coisas e problemas que aparecem preocupando os membros de um determinado grupo social. Ao longo do século, o futebol firmou-se como uma das atividades que preocupam os brasileiros, embora também outros povos, principalmente, os latino-americanos e europeus. O "preocupar" pode ser entendido como anterioridade de ocupação da coisa em relação a outras, da mesma forma que a "pré-escola" precede à escola. Mas, também, podemos entender que o futebol nos ocupa quando não estamos ocupados, então, no tempo livre ou de lazer. Entender um grupo etnograficamente significa, dito de forma simples, entender suas ocupações e preocupações. Os autores dos artigos deste livro partilham do objetivo de investigar ocupações e preocupações que se formam em torno do futebol.

Há duas ou três décadas, os cientistas sociais pouco se ocupavam com o futebol que era, isso sim, preocupação do jornalismo esportivo, dos políticos e das pessoas da rua. Mais ainda, a corrente principal das ciências sociais considerava o futebol como uma coisa que distanciava o povo das "preocupações verdadeiras". O futebol era visto como formando parte dos processos de alienação das massas. Os ventos mudaram os rumos da prosa. Hoje, talvez sob o furacão do culturalismo e da importância concedida à identidade, a crítica da alienação foi barrida e as folhas da valorização da cultura e identidade local formam o piso sobre o qual andamos. Depois de tudo, quando estamos no fundo do buraco podemos gratificar-nos dizendo: temos o melhor futebol do mundo! O cultivo do "melhor futebol" valoriza-nos.

Embora o futebol possa ser considerado como "quase universal", na linguagem estetizada do gosto e do estilo particular passou a ser uma dimensão importante da construção identitária, tanto no caso da sociedade brasileira quanto de outras. Futebol, alegria, festa, carnaval, música são temperos recorrentes dessa construção. A "alegria do futebol", cuja essência foi posta na ginga de Garrincha, passou a ser uma poderosa metonímia da representação da identidade brasileira: o povo que enfrenta as adversidades com alegria. De fato, o futebol foi visto como teatro da vida.

Se pensarmos que a passagem do discurso da dominação e da alienação para o da cultura e da identidade foi positiva, ainda nesse caso podemos reconhecer que alguma coisa se perdeu e da qual deveríamos sentir saudades, isto é, a "autonomia" da reflexão das ciências sociais no desejo da consciência crítica. De fato, quando os cientistas sociais passaram a falar do futebol com as categorias organizadoras de cultura e identidade também começaram em grande parte a traduzir, quando não meramente a repetir, aquilo que os jornalistas vinham dizendo na linguagem inventada para tratar dos esportes e, sobretudo, no nosso caso, do futebol.

O reforço e a continuidade entre jornalismo e ciências sociais foram sem dúvidas positivos. Sempre existiram dois eixos compartilhados: o de informar e o de compreender, por vezes criticamente. Contudo, durante bastante tempo existiu também o consenso de que os instrumentos a partir dos quais esses objetivos se realizavam eram bem diferentes. Digamos que o instrumental das ciências sociais devia gerar modalidades diferenciadas de distanciamento, se se preferir, simplesmente de maior distanciamento. O jornalista seria alguém mais engajado, mesmo no plano da emoção, na produção da informação e da compreensão do que o cientista social. Estamos falando de diferenças entre os momentos de equilíbrio entre engajamento e distanciamento, entre emoção e controle, entre ambos os modos de informar e compreender, de diferenças, portanto, de grau entre jornalismo e ciências sociais. Diferenças não absolutas, mas nem por isso menos significativas.

Uma parte dos textos desta coletânea é destinada a recuperar a força das diferenças mediante a crítica. No capítulo 1, Soares abre o livro com uma crítica que diz muito mais a respeito dos modos usados pelos cientistas sociais na recuperação do material gerado pelos jornalistas que em relação às suas produções, sobretudo, em relação ao trabalho seminal de Mário Filho. Como não teria sentido apresentar a crítica sem respostas ou contrapontos, no capítulo 2, Helal e Gordon alimentam a discussão a partir da polêmica iniciada por Soares. No capítulo 3 é a vez de Lovisolo entrar no debate abordando outro importante jornalista, Eduardo Galeano, para pontuar as diferenças entre os momentos de equilíbrio de ambos os modos de informar e compreender. No capítulo 4, Soares trabalha como os temas do racismo e do amadorismo se confundem na construção da história do Vasco da Gama, time de seu coração. O trabalho de Soares e Lovisolo, no capítulo 5, sobre Graciliano Ramos, procura salientar o modo em que um escritor e jornalista pode errar em suas profecias sobre o futebol. De fato, Ramos foi derrotado tanto por suas pressuposições sobre o social quanto pelo engajamento ativo dos jornalistas a favor do futebol. Por fim, nos capítulos 6 e 7, Helal ainda aborda o futebol e seus atores, os heróis do futebol e o imaginário social, para pensar o sucesso e a derrota na sociedade brasileira.

Os textos da coletânea têm como pano de fundo um relacionamento bastante prolongado entre seus autores. Relacionamento que, entretanto, não significa homogeneidade nos pontos de vista nem consenso em relação a supostos e conclusões. As diferenças continuam mesmo quando todos formamos parte do Grupo de Pesquisa no CNPq, Esporte e Cultura, do qual este livro é parte de sua produção e do qual também participam outros pesquisadores. Pensando nesses relacionamentos em processo, compreendo o motivo do grupo de delegar-me a responsabilidade de escrever esta introdução. Fui orientador de mestrado e doutorado de Antonio Jorge Soares no Programa de Pós-graduação em Educação Física de Universidade Gama Filho. Assim, uma longa e estreita relação intelectual e pessoal nos une. Acompanhei, como parecerista da FAPERJ, o trabalho de Ronaldo Helal quando fazia sua tese de doutorado em sociologia na *New York University*. Mais tarde, vim a descobrir mediante o conhecimento cotidiano, suas qualidades pessoais. Acredito que sob sua influência, e sob a base de minha tendência a não ficar indefinidamente num mesmo lugar, passei do Departamento de Ciências Sociais para o Departamento de Teoria da Comunicação da Faculdade de Comunicação social da Universidade do Estado do Rio de Janeiro, onde hoje partilhamos, além do interesse comum por uma sociologia e antropologia dos esportes, o cotidiano da docência, da organização acadêmica e do relacionamento com os profissionais dos meios de comunicação. César Cláudio Gordon Júnior, por sua vez, já foi professor da Faculdade de Comunicação Social e ainda temos a esperança de contar com ele novamente, mais ainda quando, no seu trabalho de campo, está descobrindo o futebol dos Xikrin, grupo Kayapó do sul do Pará.

O fato de que estejamos nos enveredando por caminhos de áreas tão distintas sob o ponto de vista de suas classificações formais (Educação Física, Comunicação Social e Ciências Sociais) indica que as coisas que ocupam e preocupam raramente podem ser encaixotadas e que, portanto, é melhor entremear seus conteúdos ou usarmos estratégias em diagonal.

Hugo Lovisolo

HISTÓRIA E A INVENÇÃO DE TRADIÇÕES NO FUTEBOL BRASILEIRO*

Antonio Jorge Soares

...devo dizer que,
se não há diferenças entre os fatos da história e da ficção,
então não faz sentido ser historiador.

Eric Hobsbawm[1]

Introdução

Ao recorrer à literatura, acadêmica ou jornalística, sobre o passado do futebol brasileiro, temos a impressão de estarmos sempre lendo os mesmos textos com variações não significativas. Em quase toda a produção sobre a história do futebol brasileiro encontram-se três momentos narrativos integrados ou amalgamados, que falam da chegada do futebol inglês e elitista ao Brasil, da sua popularização e do papel central do negro nesse processo. O primeiro momento narra a chegada do futebol e enfatiza a *segregação dos negros e dos pobres,* o segundo relata suas *lutas e resistências e* o terceiro descreve a *democratização, ascensão e afirmação* do negro no futebol. Esse tipo de narrativa, reproduzido no interior das ciências sociais, encontra sua origem e validade no livro *O negro no futebol brasileiro* (NFB),[3] escrito por Mário Filho, cuja primeira edição foi publicada em 1947 e a segunda, acrescida de dois novos capítulos, em 1964.[4]

*Este artigo foi originalmente publicado na Revista Estudos Históricos vol. 13, n° 23, Fundação Getúlio Vargas, 1999.

Assim, o NFB funciona como história mítica que vai sendo atualizada adequando-se às demandas de construção de identidade e/ou às denúncias antirracistas, independentemente do piso sociológico, histórico ou antropológico do qual os textos afirmam partir.

A reiteração obsessiva de tal narrativa confirma, valida e faz verdadeira a história contada. Os "causos" e fatos descritos a partir do NFB assumem toda a carga explicativa, mais simbólica do que argumentativamente, do processo de exclusão, popularização, democratização e construção do estilo brasileiro de jogar futebol. A recontada história do futebol transforma-se em mito, tal como definiu Watt (1997: p. 16): "uma história tradicional largamente conhecida no âmbito da cultura, que é creditada como uma crença histórica ou quase histórica, e que encarna ou simboliza alguns valores básicos de uma sociedade". Pode-se dizer que novas narrativas acabam por consolidar a tradição do futebol brasileiro (cf. Hobsbawm, 1997).

Mas, poder-se-ia perguntar, que problemas haveria em usar Mário Filho como fonte de fatos e interpretações da história do futebol brasileiro? De fato, não haveria problema algum se a obra fosse tomada como mais uma fonte de informação e contrastada ou cruzada com outras. O problema é que a obra em questão tem sido utilizada, no interior das ciências sociais, como prova para as interpretações estabelecidas a priori sobre as relações raciais no futebol e sobre o singular estilo de futebol nacional. A carência de historiografia sobre o futebol converteu o NFB em clássico, na verdade em laboratório de provas, sem passar pelo rigor da crítica. Um dos sintomas da carência ou mesmo da ausência de fontes é o fato de os consumidores do NFB, que chamo de "novos narradores",[5] construírem legitimações acadêmicas da obra e de seu autor:

> *1 – [Em] O negro no futebol brasileiro Mário Filho faz uma verdadeira etnografia da relação do clube de fábrica com a vida social local dominada pela vida operária no bairro de Bangu. (Leite Lopes, 1994: p. 80)*

> *2 – O negro no futebol brasileiro é uma obra de significativa importância para a história do futebol brasileiro (talvez a*

mais completa fonte historiográfica já levantada sobre nosso futebol) e, mais do que isso, uma contribuição valiosa para a compreensão de nossa identidade. (Gordon Jr., 1995: p. 72)

Cabe ainda uma última palavra sobre o livro de Mário Filho. O negro no futebol brasileiro é um livro rico e interessante, um relato vivo e minucioso da luta do negro na sociedade brasileira, dentro de uma esfera particular e significativa – o futebol. Com ele, Mário Filho deixou um relato objetivo sobre a devida dimensão do futebol no processo de democratização das relações raciais no Brasil. (Gordon Jr., 1996: p. 77)

3 – Vale a pena citar Mário Filho, sem dúvida o maior conhecedor do futebol brasileiro dessa época. Extremamente objetivo, o autor nos dá uma noção precisa da ascensão e perseguição ao Vasco, quando da conquista do campeonato em 1923. (Caldas, 1990: p. 46)

Os cientistas sociais que utilizam a obra de Mário Filho a qualificam de verdadeira, objetiva e completa. Parecem anunciar que, de fato, pouco se teria a dizer sobre o período coberto pela obra em questão. Contudo, a utilização acrítica de dados e interpretações do NFB faz com que os "novos narradores" acabem por incorporar o viés nacionalista que inspirou Mário Filho, embora desejem atacar a democracia racial e acentuar o racismo ou a segregação na sociedade brasileira. Deixam de considerar que o NFB e seu autor sofreram as influências dos anos 30 e 40, marcados, sobretudo, pela mentalidade nacionalista e pela esperança da conciliação racial. As elaborações de Mário Filho sofreram a influência não só do pensamento de Gilberto Freyre, mas também de um "freyrismo popular".[6] A visão de Mário Filho, como a de outros intelectuais, artistas e escritores de sua época, está condicionada pela crença em um Brasil que, em poucos anos, teria passado da escravidão para a integração racial, via mestiçagem, caldeamento, amálgama ou conciliação. A mensagem que se poderia extrair dessa visão é a de que não só o nosso racismo seria diferente, como estaríamos superando o racismo, embora os Estados Unidos, com todo o seu desenvolvimento, não o tenham feito. Por essa razão seríamos originais, especiais, e teríamos nossa própria história, identidade e futuro.

Mário Filho não escreveu história em sentido clássico, mas utilizou sua criatividade de prosador para escrever crônicas romanceadas sobre o futebol brasileiro. Construiu uma espécie de crônica-romance que é um épico do negro no futebol brasileiro, na qual os fatos são lidos, remontados e reescritos como tramas raciais que auxiliam a construir a identidade nacional. Tanto é assim que sua narrativa opera com uma espécie de deslocamento de foco: qualquer "causo" ou fato serve para colocar em destaque a separação entre brancos e negros (ricos e pobres), a resistência dos últimos aos primeiros e a singular integração nacional a partir do futebol. A narrativa do NFB acaba por emitir a mensagem: o futebol, quando branco, era um produto importado; quando preto e mestiço, torna-se brasileiro. Observe-se que esse tipo de narrativa em muito se assemelha à estrutura do conto, no sentido de Vladimir Propp (1984).[7] O racismo no NFB pode ser pensado como o "inimigo interno" que impedia a realização da nação, mas que acaba derrotado, no plano da narrativa, enquanto a nação se realiza em função da integração do negro e da afirmação do futebol brasileiro (cf. Hobsbawm, 1990). Assim, o racismo fica subordinado à unidade nacional na narrativa. De fato, o NFB pode ser pensado com um texto que se ajustou à construção do sentimento de nacionalidade de sua época.

Diante dessa alternativa de leitura, a utilização da obra de Mário Filho pelos "novos narradores" poderia ser qualificada como pouco virtuosa, talvez oportunista e, sobretudo, utilitária, por parte daqueles que se nutrem de seus dados e interpretações para denunciar o racismo, a segregação e a ideologia da democracia racial; para achar ou inventar os "processos de resistência do negro"; e, por fim, para elogiar a afirmação do negro no futebol e o processo de democratização. Os "novos narradores" ao combaterem a democracia racial salientando o racismo com dados e "causos" do NFB, acabam por ser tragados pela construção nacionalista de Mário Filho e terminam, mesmo sem desejarem, elogiando a integração nacional no símbolo do futebol. Os "novos narradores" continuam à narrativa de Mário Filho para manter viva as tradições inventadas sobre o Brasil e seu futebol. Essa é a principal hipótese que pretendemos desenvolver ao longo deste texto.[8]

O artigo está dividido em duas partes. Na primeira realizo uma síntese parcial da obra de Mário Filho e da estrutura de seu livro. Na segunda apresento como a estrutura narrativa do NFB está reproduzida no interior das ciências sociais.

O conto de Mário Filho e a invenção de uma tradição

A narrativa do NFB mais se aproxima do campo do romance, do conto ou da construção de uma história de identidade, no sentido de Hobsbawm (1997, capítulo 21). Se olharmos o NFB e a ordenação dos seus capítulos, veremos que a estrutura assemelha-se à do conto: a) ao herói impõe-se uma carência ou dano, uma proibição e o afastamento de sua comunidade; b) a proibição é transgredida, e o herói nessa etapa é enganado ou humilhado por seus antagonistas; c) o herói é submetido a provação, mas algo mágico lhe é doado auxiliando-o a superar as adversidades; d) o herói consegue o triunfo sobre as adversidades; a carência ou dano inicial são reparados, e assim ele retorna à sua comunidade reconhecido pelo seu feito; e) a continuidade do conto sempre levará ao herói uma nova imposição de dano que será mais uma vez reparada ao serem cumpridas todas as etapas subsequentes. Observemos que a narrativa do NFB apresenta essa estrutura.[9]

No primeiro capítulo do NFB, "Raízes do saudosismo", o dano é imposto ao negro no espaço do futebol por Mário Filho. O capítulo inicia-se com a frase lapidar: "Há quem pense que o futebol do passado é que era bom" (Rodrigues Filho, 1964: p. 3). A crítica de Mário Filho não se dirige ao sentimento daqueles que pensam o passado como áureo e o presente como pura degradação. A intenção desde a primeira linha é armar um cenário ou trama para dizer que o passado do futebol não era idílico. O futebol seria, antes de tudo, um espaço reservado às elites. Por isso ele diz que "de quando em quando a gente esbarra com um saudosista. Todos brancos, nenhum preto" (*ibidem*). O saudosista não seria um reivindicador de qualidades do futebol do passado, mas apenas um crítico da popularização, um crítico ressentido de um futebol aristocrata e branco que se tornou popular e, consequentemente, negro. Assim, vai construindo Mário Filho a ideia de um passado inglório para explicar como uma história de glórias, via miscigenação e popularização, foi realizada no futebol.

A imagem do *saudosismo* representa separação social e preconceito no texto de Mário Filho.[10] Representa que o futebol era inglês e que muitos membros da colônia inglesa dividiam esse espaço social com membros das elites brasileiras, principalmente brasileiros que haviam estudado no exterior e lá aprenderam o nobre esporte bretão. Apesar de marcar a ideia de que o futebol era restrito às elites, logo não-negro, na continuidade desse capítulo o autor apresenta uma série de negros, pretos e mulatos que povoavam os clubes de elite.[11]

O capítulo termina com o anúncio do primeiro grande herói do futebol brasileiro, o mulato Friedenreich, filho reconhecido de alemão com mãe preta, que se tornou herói ao marcar o gol da vitória brasileira no Campeonato Sul-Americano de 1919. Contudo, a façanha torna-se secundária. Mário Filho diz que Friedenreich não se tornara herói simplesmente por ter marcado o gol da vitória, mas, sobretudo, por ser mulato. A raça de Friedenreich o identifica com a massa do povo brasileiro. Apoiando-se em Freyre, Mário Filho diz que o imaginário popular prefere acariciar um herói ou santo com barba e cabelo carapinha do que um louro de olhos azuis (Rodrigues Filho, 1964: p. 54). Friedenreich, segundo Mário, teria feito o povo descobrir que "o futebol devia ser de todas as cores, futebol sem classes, tudo misturado, bem brasileiro" (*ibidem*); sentencia o autor: "o chute de Friedenreich teria aberto o caminho para a democratização do futebol brasileiro, democratização que viria lentamente, mas que não pararia mais, a despeito de tudo" (*ibidem*). Observe-se que Mário Filho em tom eloquente anuncia Friedenreich como símbolo do início do processo de democratização do futebol brasileiro. Esse mito fundador do processo é reproduzido pelos novos narradores com frequência em seus artigos da mesma forma que anunciam o início e difusão do futebol no Brasil pelas bolas que Charles Miller trouxe da Inglaterra.[12]

No segundo capítulo, "O campo e a pelada",[13] a intenção de Mário Filho é narrar a forma pela qual as camadas populares, os negros em especial, se socializaram com o futebol. A separação entre brancos e negros, ricos e pobres, ainda é uma tônica nesse capítulo; o negro ainda se encontra afastado da comunidade do futebol dos "grandes clubes" e em situação de "dano". Mas, aos poucos, Mário vai mostrando como os negros se socializaram e ganharam visibilidade nesse espaço social. Entretanto, o autor ainda lembra que eles eram alvos de preconceito. A popularização e a socialização do futebol são momentos estratégicos na narrativa. O texto descreve novos personagens e renova funções de personagens já citados, bem ao estilo dos contos. Por exemplo, Friedenreich, que no capítulo anterior tinha sido elevado à condição de herói por sua raça ou por sua cor, perde agora a cor em função da necessidade do autor de marcar as distâncias entre negros e brancos.

> *Mais uma prova de que o futebol era um jogo de branco. Nenhum clube com mulatos e com pretos tinha sido campeão de 1906 a 1922. A exceção fora Friedenreich na seleção brasileira. Pai alemão, não queria ser mulato. Nem mesmo quando se separou o branco do preto, quando se quis ver quem jogava mais, o branco ou o preto. Formava-se um escrete de brancos, um escrete de pretos e mulatos. Friedenreich não era escalado em nenhum dos dois.*
>
> *Uma homenagem que se prestava ao autor da vitória do Brasil de 19. Nem branco nem mulato, sem cor, acima dessas coisas. (Rodrigues Filho, 1964: p. 119)*

"O campo e a pelada" estabelece, inicialmente, a separação entre elites e populares. As elites possuíam o *ground ou field* para o aprendizado do futebol à inglesa, e os populares possuíam a pelada ou o racha nos terrenos baldios. Mário inicia o capítulo assim: "[O] jogador branco tinha de ser, durante bastante tempo, superior ao preto. Quando o preto começou a querer aprender a jogar, o branco já estava formado em futebol. O grande clube sendo uma espécie de universidade" (Rodrigues Filho, 1964: p. 59). Mário Filho diz que o branco aprendia o futebol na academia, com professor, e o preto e o mulato aprendiam na "escola pública", isto é, na rua, sem professor. Mas, desse aprendizado sem professor, descalço, com bola improvisada, é que nasceria a forma do negro aprender a jogar o futebol à brasileira. Diz Mário:

> *"O branco dos fields, dos grandes clubes, tendo ainda por cima um professor, o capitão do time, gritando sem parar em inglês, o preto das peladas, das ruas, não tendo ninguém.A única coisa que o ajudava era a intuição..." (idem: p. 60).*

Da escassez e da intuição nasceria o estilo brasileiro de futebol, isto é, o elemento mágico de que o herói precisa para vencer as adversidades. É comum em países subdesenvolvidos e pobres a crença que são mais criativos em função da escassez, entretanto, esses países possuem um baixo registro de patentes se comparados com os países desenvolvidos.[14]

Mário, depois de marcar o papel marginal do negro no aprendizado do futebol, anuncia que a vantagem do futebol branco estava com seus dias contados. O Clube de Regatas Vasco da Gama forma uma equipe multirracial e miscigenada – quase todos os jogadores eram semianalfabetos e pobres, mas "diplomados" em futebol – e sagra-se campeão em 1923. Segundo o autor, o Vasco teria aberto as portas para pretos e mulatos seguindo a boa tradição portuguesa da mistura.

> *Desaparecera a vantagem de ser de boa família, de ser estudante, de ser branco. O rapaz de boa família, o estudante, o branco, tinha de competir, em igualdade de condições, com o pé-rapado, quase analfabeto, o mulato e o preto para ver quem jogava melhor.*
>
> *Era uma verdadeira revolução que se operava no futebol brasileiro. Restava saber qual seria a reação dos grandes clubes. (idem: p. 128)*

A reação dos grandes clubes à vitória vascaína, destacada pelo autor, foi à criação de uma nova liga de futebol como protesto, a AMEA (Associação Metropolitana de Esportes Atléticos).[15] Aí estaria a prova do preconceito racial segundo a interpretação dominante. Diz Mário, já no capítulo seguinte: "[0] que acontecera em 23 precisava não se repetir mais. Era o que explicava a AMEA. Em 24 nascia a AMEA, uma liga de grandes clubes, sem o Vasco" (*idem*: p. 132). O autor, depois de deixar transparecer que a questão racial teria motivado a criação da AMEA e a exclusão do Vasco desta liga, começa a inserir detalhes ou dados que fragilizam a interpretação racial que dá à primeira vista.[16]

No terceiro capítulo, "A revolta do preto", Mário trata do contínuo processo de apropriação do futebol pelos estratos inferiores da sociedade, sem com isso deixar de relatar os avanços e retrocessos em direção à integração racial e à democratização do futebol. Os negros e mulatos revelam-se excelentes jogadores, e os clubes já não poderiam deles prescindir. Assim, a correlação de forças começava a mudar segundo as conjeturas realizadas por Mário Filho: a) o jogador passa a ser mais importante que o clube; b) a vitória do Vasco em 1923, a do São Cristóvão em 1926, representaram a resposta para aqueles que não acreditavam na mistura das raças e na competência do negro. Contudo, podemos achar no livro de Mário Filho descrições que indicam que essas equipes sofreram um processo intensivo de treinamento, ideia contrária a improvisação e as capacidades mágicas do jogador brasileiro. Todavia, a tônica do discurso é que essas vitórias significavam que o bom futebol não se joga à inglesa ou só com brancos, mas à brasileira, com pretos, brancos e mulatos, tudo bem misturado.

"A revolta do preto" assume diferentes sentidos. Descreve a insubordinação, a exploração e a luta do jogador negro. Entretanto, o fundamental nesse capítulo é o fato de indicar que o caminho para a ascensão social do negro estava aberto. Poder-se-ia dizer, em termos sociológicos, que a unidade nacional estava a caminho nesta parte do texto de Mário Filho, e que os "inimigos" estavam definhando. O herói tem sempre que passar por obstáculos e desafios para que a vitória final tenha o sentido dramático. Nos "novos narradores", toda essa narrativa transforma-se em linguagem sociológica da resistência, sendo que essa categoria assume uma polissemia incontrolável em seus discursos.

"A ascensão social do negro", título do último capítulo da primeira edição (1947), seria a conclusão à qual chega Mário Filho em 1947 [17] .O capítulo seria a resposta à trama montada: o negro excluído no início do futebol à inglesa, assistindo ao jogo da geral, se tornaria, nas décadas de 30 e 40, a expressão do futebol brasileiro. O negro que jogava "sabendo o seu lugar" passaria, nesse período, a afirmar-se frente à elite branca. Um encontro entre Friedenreich e Leônidas da Silva é descrito de forma que parece confirmar a tese de que o primeiro teria aberto o caminho para a democratização do futebol, e o segundo continuaria a saga do negro como herói: Friedenreich, herói do Sul-Americano de 1919; Leônidas da Silva, o maior ídolo do futebol dos anos 30 e 40 e o inventor da bicicleta. Ambos negros, por isso heróis de "barba e cabelo carapinha",[18] à imagem e semelhança do povo brasileiro (Rodrigues Filho, 1964: p. 54 e 375).

"Os pretos estavam por cima", conjectura Mário Filho em função da conquista da Copa Rio Branco em 1932 (Rodrigues Filho, 1964: p. 214). O autor reforça essa ideia citando o texto que José Lins do Rego[19] havia escrito para o prefácio do livro *A Copa Rio Branco, 32,* de autoria do próprio Mário Filho: "Os rapazes que venceram, em Montevidéu, eram um retrato da nossa democracia racial, onde Paulinho, filho de família importante, se uniu ao negro Leônidas, ao mulato Oscarino, ao branco Martim. Tudo feito à boa moda brasileira" (*ibidem*).

Boa parte do capítulo "A ascensão social do negro" é gasta narrando a mobilidade social[20] e a democratização que se operou no espaço do futebol. Na edição de 1947, Mário Filho sentenciava que

> *em foot-ball não havia o mais leve vislumbre de racismo. Todos os clubes com seus mulatos e seus pretos. Um preto marca um goal, lá vêm os brancos abraçá-lo, beijá-lo. O goal é de um branco, os mulatos, os pretos, abraçam, beijam o branco (Rodrigues Filho, 1947: p. 293).*

Esse e outros tipos de afirmação sobre o poder democrático do futebol e o fim do racismo foram suprimidos na segunda edição, ainda que o autor afirme ter mantido intacto o texto no prefácio escrito para essa edição. Com a supressão dos trechos conclusivos, Mário pôde acrescentar dois novos capítulos: "A provação do preto" e "A vez do preto". Observe-se que os títulos indicam mais uma vez novas situações de "dano" e superação pelas quais o herói deverá passar ao longo da narrativa. As supressões dos textos, que indicam a realização da democracia racial na primeira edição, poderiam ser interpretadas como uma releitura de Mário Filho sobre o racismo brasileiro. Entretanto, os cortes realizados apenas servem para acrescentar dos novos capítulos acrescidos na edição de 1964.

No capítulo "A provação do preto" desenrola-se um roteiro que procura demonstrar que o negro ainda estaria em desigualdade. Mário faz voltar a cena do preconceito racial ou "dano" imposto ao negro num outro nível. O novo texto não omite que o negro havia conquistado um lugar ao sol no futebol brasileiro, nem que os grandes clubes possuíam negros em suas equipes. Apesar disso, o nosso autor crê que a preferência pelo jogador branco não se havia extinguido, pois em igualdade de condições o negro ainda seria preterido.

Neste capítulo pode-se observar uma narrativa que apresenta o jogador negro vivendo ambiguidades e contradições no futebol. Apesar de os anos 30 terem revelado Leônidas e Domingos, e de o futebol ser o maior meio de ascensão social para o negro, o racismo não acabara – não acabara apenas na segunda edição, pois na primeira, lembremos, era página virada na história segundo o autor. O negro mais uma vez estaria em situação de provação. Assim, "A provação do negro" começa enunciando a derrota do Brasil em 50, mas deixa a descrição desse drama para o último capítulo.

"A vez do preto" inicia-se com a descrição da derrota de 16 de julho de 1950. Este capítulo descreve o clima de euforia havia tomado a nação após a vitória do Brasil sobre a Espanha, no jogo que ficou conhecido como "Touradas de Madri".[21] O Brasil já era o campeão desde a véspera, e faltava apenas o Uruguai. Mário Filho faz questão de dizer que o excesso de confiança não vinha dos jogadores. A confiança desmedida vinha do torcedor, vinha do brasileiro, segundo Mário Filho. Todos estavam ainda embevecidos pela vitória sobre a Espanha.

Mário Filho, bem ao estilo de narração de um jogo transmitido pelo rádio, vai descrevendo o fatídico "desastre de 16 de julho" como um drama que se assemelha a um velório à italiana. Descreve tensões, ações e gols que fizeram a desgraça nacional. Enfim, detalha o cenário formado antes, durante e depois do jogo. Os brasileiros esperavam que a goleada sobre a Espanha se repetisse. O Brasil saiu na frente, o Uruguai empatou e virou o jogo. Mário Filho diz que quando o árbitro deu o apito final "o Maracanã transformou-se no maior velório da face da terra. Todo mundo queria ir embora, desaparecer.. Ouviam-se gritos de viúvas sicilianas" (Rodrigues Filho, 1964: p. 335).

A derrota do Brasil teria supostamente começado quando o uruguaio Obdúlio Varela *(El Gran Capitán)* deu safanões em Bigode (jogador brasileiro bastante viril, que tinha sido orientado a não reagir às provocações) e uma bronca em seu companheiro Gigghia, que viria a se empenhar muito no jogo e marcar o gol da vitória. Por esse episódio, identificou-se como o primeiro grande culpado do time brasileiro o negro Bigode, que se teria intimidado com os safanões de Obdúlio Varela. O segundo grande culpado foi o goleiro Barbosa.[22] O terceiro culpado, Juvenal, outro negro, foi apontado pelo técnico Flávio Costa. "Assim três pretos foram escolhidos como bodes expiatórios: Barbosa, Juvenal, Bigode.[23] Os outros negros ficaram de fora: Zizinho, Bauer e Jair da Rosa Pinto" (*ibidem*). O fato de outros negros não terem sido culpabilizados torna pelo menos ambígua a ideia do *recrudescimento do racismo* cunhada por Mário Filho. Mais ainda, a pesquisa nos jornais da época não registra nenhuma referência à culpa pelo fato de os três serem negros. Porém, a narrativa de Mário prossegue tentando demonstrar que a derrota de "16 de julho" fizera reacender o debate e os preconceitos em torno da inferioridade racial dos negros.

O recrudescimento do racismo, segundo a análise que estou aqui realizando, parece apenas representar uma estratégia para Mário Filho anunciar dano, perseguição, injustiça, separação e, por fim, anunciar a vitória dos injustiçados e o retorno da unidade nacional; a afirmação do Brasil multirracial e miscigenado.

Os novos problemas enfrentados pelo negro na derrota de 50 só seriam superados definitivamente com a vitória na Copa de 58. O mulato, Garrincha, e o preto, Pelé, sairiam heróis nacionais nas Copas de 58 e 62. Mas é com a figura de Pelé que, definitivamente, Mário Filho vai demonstrar que o negro poderia ser negro e ter orgulho de sua raça. A narrativa indicaria Pelé com mais atributos de nobreza que os heróis anteriores. Friedenreich e Leônidas da Silva, também negros, se diferenciariam de Pelé por não terem o mesmo orgulho da cor ou da raça. De certa forma, vários negros haviam passado pelo futebol brasileiro, e quando ascendiam socialmente eram embranquecidos. A ideologia do branqueamento indica que a mobilidade social corresponde à "mobilidade racial". Entretanto, Pelé, na narrativa, teria ascendido socialmente sem requerer o embranquecimento. Mário Filho para afirmar Pelé como o grande ídolo o compara a Garrincha, demonstrando que o primeiro poderia ser o "rei do futebol" por ter tido uma estrutura familiar segura, enquanto Garrincha tinha uma história familiar desestruturada. Observe-se aqui que o ideal de família de Mário Filho é aquele que se assemelha ao modelo nuclear da família burguesa.

Observemos a seguir, como a tradição iniciada, por Mário Filho e sua geração, vai sendo atualizada e transformada pelos "novos narradores" nos momentos narrativos de *segregação, de luta e resistência* e de *democratização e afirmação do negro* no futebol.

Os "novos narradores" e a atualização da tradição.

A segregação

O primeiro núcleo narrativo fala de *segregação* e reitera a ideia de que só as elites brancas ou aristocráticas tinham acesso ao futebol. Assim, o futebol, em seu início no Brasil, seria elitista e racista, na medida em que os pobres, e especialmente os negros, eram dele excluídos. Os "novos narradores" outorgam maior peso à exclusão dos negros que à dos pobres brancos. A história contada reitera o tom do dano que os negros sofreram com a introdução do futebol. O fato de o futebol, introduzido pelas e para as elites, ser encarado como segregação pode, por analogia, indicar que outras apropriações culturais (como a moda francesa, a literatura ou o hábito do *five o'clock)* eram também segregadoras. Observe-se que o conceito de segregação se confunde com o de distinção social no interior das novas narrativas.[24]

Mário Filho, por sua vez, não usa a palavra segregação; ele trabalha com a ideia de barreiras raciais e de classes a partir das oposições futebol branco versus preto, time grande *versus* pequeno, times da cidade *versus* do subúrbio. Essas imagens aparecem como sinônimos de distinção social, divisão social, preconceito de classe ou raça. Os "novos narradores" "desambiguisam" sua fonte e enfatizam a ideia de exclusão, proibição e segregação. Utilizam estas palavras-conceito como se fossem sinônimas. A situação de dano, imposta ao negro por Mário Filho, transforma-se, nas novas narrativas, em linguagem de segregação. Nessa linha de construção, Murad (1994- a) afirma que,

> *o requintado esporte de elite, em seu momento inicial, o "violento esporte bretão", como passou a ser conhecido, assumiu irrecusável posição de classe e produziu já na sua origem sua primeira forma de violência social e racial, bem como as primeiras vítimas, quando chegou ao* ***extremo de ser proibido a negros e pobres****, já fortemente discriminados e estigmatizados numa formação social dominada pelo colonialismo e pelo escravismo, enquanto constantes estruturais. (p. 72, grifo nosso)*

Gordon Jr. (1995), nesse caminho afirma:

> *Note-se que essa* ***ausência de jogadores negros não era casual****: havia mesmo, até 1918,* ***uma imposição formal*** *da Federação Brasileira de Sports (à época, órgão regulamentador em nível nacional)* ***contra a participação dos negros*** *nas equipes esportivas. Foi somente em 18, cedendo às pressões de setores da*

imprensa, que a Federação autorizou formalmente os clubes e entidades regionais a aceitarem inscrições de negros. (p. 80, grifo nosso)

As afirmações são feitas categoricamente sem que se apresentem documentos ou sem que as fontes utilizadas sejam tratadas criticamente e com rigor; os regulamentos ou leis segregadoras não são citados.[25] Gordon Jr., por exemplo, fundamenta sua afirmação baseada exclusivamente no Caderno Especial 100 *Anos de Futebol,* publicado pela *Folha de S. Paulo* em 16 de janeiro de 1994. Gordon Jr. não se questiona e não averigua a natureza dos dados utilizados para afirmar que existia uma imposição formal proibindo a participação de negros. Embora o autor pareça cruzar seu texto, empiricamente fundado no NFB, com outros estudos sobre as relações raciais, não acha suspeito afirmar que existia uma "imposição formal" aos negros após a Abolição. Um dos problemas que sempre tornou difícil a discussão do racismo brasileiro em comparação com o norte-americano, após a Abolição, é o fato de o Brasil não possuir estrutura legal de segregação enquanto os Estados Unidos possuíam leis segregacionistas até a década de 50.[26] Se existem provas de "imposições formais", portanto escritas e documentadas, acredito que Gordon Jr. devesse dá-las a público. Isso faria rever, em certa medida, boa parte da historiografia e da sociologia sobre as relações raciais no Brasil. Mas, provavelmente, Gordon Jr. não possui fontes seguras para sua afirmação. Por outro lado, se Gordon Jr. estivesse atento ao seu inspirador – já que ele acredita ser o NFB a maior fonte historiográfica do futebol –, teria visto que Mário Filho afirma que,

[os] documentos oficiais me mostraram que a história verdadeira se escreve de outro jeito. Quem manuseasse, como duas vezes, de 6 a 23, os livros da AMEA, de 24 a 32, colocados à minha disposição pelo presidente da Confederação Brasileira de Desportos, Rivadávia Corrêa Meyer, além dos relatórios da própria Confederação, não descobriria, em parte alguma, nada da luta do negro, se não entrasse na intimidade dos fatos. As atas, a correspondência dos clubes, não falam de negros.

As leis não tocam nem de leve na questão da raça. Limitam-se a levantar barreiras sociais, proibindo que trabalhadores braçais, empregados subalternos, contínuos, garçons, barbeiros, praças de pré e por aí afora, jogassem futebol em clubes filiados. (Rodrigues Filho, 1964, Nota ao Leitor)

Os "novos narradores", com intenção de escrever uma história de identidade, enfatizam o conceito de segregação sem apoio empírico, sem fontes seguras e sem fineza analítica e, sobretudo, sem distinguir, como Freyre insistia, preconceito de segregação, para, subsequentemente, inventar uma linguagem de luta e de resistência. Contudo, acabam reproduzindo a figura do dano presente no capítulo "Raízes do saudosismo" do NFB. Há que se destacar que essa ideia do dano aparece de forma mais complexa e ambígua no NFB. Observe-se que toda a descrição de proibição anunciada por Mário Filho diz respeito aos critérios de definição do jogador amador, e esses critérios eram mais ou menos universalizados em todos os países onde o esporte não se tinha profissionalizado. O amadorismo deve ser pensado como um código de distinção social que no caso brasileiro pode ser confundido com a ideia de raça. Cf. Mandell (1986), Sacher & Palomino (1988) e Bourdieu (1990).

Luta e resistência

O segundo momento elabora-se em torno da fase heroica: conta o processo de *luta e resistência* dos segregados para se apropriar desse bem cultural. As narrativas partem do entusiasmo quase instantâneo e crescente que teriam tido os populares pelo esporte, que, contra a profecia de Graciliano Ramos, tornou-se um fogo de palha insólito, por duradouro (cf. Soares e Lovisolo, 1997). Teria sido nas fábricas têxteis, nos campos de várzea ou nos terrenos baldios que a parte negra da sociedade brasileira teria tido acesso ao futebol. A fábrica significava acesso ao trabalho formal e ao futebol, segundo as interpretações até hoje formuladas. No caso do Rio de Janeiro, a descrição de Mário Filho se mantém nos "novos narradores", a saber: os técnicos ingleses (operários qualificados), vindos diretamente da Inglaterra para trabalhar na Cia. Progresso Industrial (firma formada com capital português), organizaram-se rapidamente para formar o *Bangu Football Club*. Mas, em função do número insuficiente de ingleses para formar duas equipes, foram obrigados a contar com a participação dos operários brasileiros. Assim, os negros e pobres teriam tido acesso ao futebol na fábrica. Observe-se que os "novos narradores" não analisam que a razão utilitária, nesse caso, parece ceder aos supostos impulsos racistas que animaram a introdução do esporte no país. A necessidade é posta como porta de entrada para explicar o processo de apropriação do futebol pelos operários negros, mestiços e brancos pobres. Estes, pertencentes à parte inferior da sociedade, teriam sido misturados aos "legítimos" brancos, os ingleses, para aprender e praticar as artes do esporte bretão. Mas poder-se-ia perguntar aos 'novos narradores': aprender o quê já que os elementos básicos do esporte estavam no corpo do brasileiro (ginga, dança e capoeira)?

Pelo tom das narrativas, as respostas assumem contornos contraditórios e quase mitológicos. Os operários teriam aprendido com os ingleses o já sabido, pois, segundo as narrativas, o futebol já estaria no "sangue" afro-brasileiro, estaria no sangue do corpo oprimido pela chibata, mas liberto nas rodas de samba e de capoeira. Desenvolver habilidades com o corpo teria sido para o negro o requisito básico para sua sobrevivência no passado escravo e, já no mundo da liberdade formal, ele teria encontrado no futebol uma arena naturalmente adequada para sua expressão e resistência à opressão (cf. Murad, 1994a: p. 183-190).[28] Nesse tipo de construção está suposto que os negros, se possuíam uma habilidade natural ou historicamente condicionada, apenas aprenderam o formato do jogo: os objetivos e as regras do esporte. Observe-se que o argumento que soa como politicamente correto poderia conter as sementes de um certo "racismo invertido" que se manifestou, tradicionalmente, no elogio da sensibilidade do negro para a música e de sua força, resistência e habilidade corporal. O negro seria "naturalmente" bom para o trabalho pesado e para a expressão estética na dança, na luta da capoeira e na música. A capacidade intelectual ou de razão e de condução ficava, por certo, fora do elogio. O argumento a favor do negro no futebol poderia tornar o preconceito tradicional virtude esportiva.

Assim, os "excluídos" teriam inventado, mediante a improvisação baseada numa densa experiência corporal, uma nova e sedutora forma de jogar o rígido esporte bretão; um estilo original cheio de floreios, de dança, de ginga e de malícia, às margens do aristocrático, disciplinado e coletivo jogo inglês. Esse tipo de construção, reproduzida pelos "novos narradores", foi pioneiramente elaborada por Gilberto Freyre num artigo jornalístico intitulado "*Foot-Ball* mulato".[29] A boa participação do Brasil na Copa da França de 1938 é vista como um elogio à mistura de raças na equipe para Gilberto Freyre:

> *Um repórter me perguntou anteontem, o que eu achava das admiráveis performances brasileiras nos campos de Strasburgo e Bordeaux.*
>
> *Respondi ao repórter (...) que uma das condições de nosso triunfo, este ano, me parecia à coragem, que afinal tivéramos completa, de mandar à Europa um time fortemente afro-brasileiro. Brancos, alguns, é certo; mas grande número,* ***pretalhões bem brasileiros*** *e* ***mulatos ainda mais brasileiros****. (...)*
>
> ***O nosso estilo de jogar futebol me parece contrastar com o dos europeus por um conjunto de qualidades de surpresa, de manha, de astúcia, de ligeireza e ao mesmo tempo de espontaneidade individual em que se exprime o mesmo mulatismo de Nilo Peçanha, que foi até hoje a melhor afirmação na arte política.***
>
> *Os nossos passes, os nossos pitu's, os nossos despistamentos, os nossos floreios com a bola, há alguma coisa de dança ou capoeiragem que marca o estilo brasileiro de jogar futebol,* ***que arredonda e adoça o jogo inventado pelos ingleses e por outros europeus jogado tão angulosamente****, tudo isso parece*

exprimir de modo interessantíssimo para psicólogos e sociólogos o mulatismo flamboyant e ao mesmo tempo o malandro que está hoje em tudo que é afirmação verdadeira do Brasil" (Diário de Pernambuco, 17-06-1938, grifo nosso)

Pode-se notar que a opinião de Freyre, expressa acima, nos serve como uma das muitas evidências que existem para demonstrar como foi construída uma história da identidade brasileira via futebol. No entanto, não se pode tomar tal opinião como um argumento que legitime ou explique o sucesso do futebol brasileiro via integração racial, miscigenação ou embate racial no futebol. De fato, a identidade é construída ou inventada socialmente. Apesar de parte dos estudos sobre o futebol brasileiro aceitarem essa premissa, suas narrativas acabam naturalizando, tornando essencial e legitimando tal construção social através de uma história que se explica pelos atributos raciais do negro e da miscigenação.

É verdade que o "estilo brasileiro", do qual são os jogadores negros ou mestiços os principais artesãos, afirma-se na medida mesma em que ele pode melhor aparecer e caracterizar-se através da criação de jogadas, estas microrreinvenções do jogo, que se tornam associadas à individualidade de determinados jogadores. Tal é o caso da invenção acrobática da "bicicleta" por parte de Leônidas. (Leite Lopes, 1994: p. 75)

Leite Lopes, ao longo do artigo, como na citação anterior, não se preocupa em distinguir as demandas de construção de identidade no jornalismo esportivo das ficções e das evidências que toma do NFB. A citação acima indica que Leite Lopes indica como verdade e valor a ideia de que o negro realizou microrreinvenções no jogo, e uma das evidências que toma é a "bicicleta" inventada por Leônidas. É interessante notar que essa jogada é denominada "chilena" nos países de língua espanhola da América Latina. Galeano (1995: p. 57) afirma que foi inventada pelo chileno Ramón Unzaga, e que David Unzaga a exibiu nos estádios da Espanha quando o Colo-Colo viajou à Europa. Não importa tanto qual é a verdade sobre a bicicleta ou chilena, mas é necessário reconhecer como são inventadas as tradições pela repetição e reiteração de quase-histórias, no sentido de Watt (1997). Ainda que os "novos narradores" entendam que a originalidade do brasileiro e de seu futebol é construída ou inventada, ao nutrirem-se do NFB, acabam por naturalizar e reforçar essas tradições. A ausência de um olhar comparativo reforça a atenção sobre a própria tradição tornando bem mais difícil uma atitude de distanciamento.

As histórias ou quase-histórias que subsidiam a invenção de tradições sempre apresentam entre os ingredientes um momento fundador. Assim, o estilo brasileiro de futebol também possui um fundador ou um herói que encarna essa fundação. O mulato Friedenreich volta à cena para continuar sendo o herói que encarna a fundação. A tradição de Mário Filho vai sendo constantemente atualizada. Observem-se as palavras de Joel Rufino dos Santos:

> *O cuidado que os primeiros clubes tiveram ao recrutar estes elementos tapa-buracos é curioso: não podia ser preto, naturalmente; nem procurado pela polícia. Mulatos serviam, desde que fossem excepcionais com a bola no pé (e, como o célebre Carlos Alberto, pudessem embranquecer com pó de arroz). Ali! Uma coisa importante: tinham que jogar à europeia, repetindo os movimentos e jogadas ensinadas pelos folhetos ingleses que se vendiam junto com o material de jogo.*
>
> *Foi aí que apareceu Friedenreich. "Incrível o que se viu naquela tarde de ontem, meus amigos! El tigre, El namorado de la América, com gingas espetaculares, driblou oito inimigos da Pátria. Embaixo dos paus, não quis fazer o goal, voltando até o meio do campo. Os inimigos arrancaram-lhe, de puro ódio, 12 dentes da boca...";*
>
> *(...) Ele foi o fundador da Escola Brasileira de Futebol: o drible desconcertante, a firula diabólica, a doce matada no peito, o passe que deixa o companheiro cara a cara com o goleiro inimigo. Friedenreich rasgou os manuais ingleses que ensinavam a jogar futebol. (Santos, 1981: p. 18-9)*

Numa linguagem mais antropológica, mas com pouco rigor e crítica do uso do NFB, Gordon Jr. também apresenta o início da democratização e fundação do futebol brasileiro:

> *No futebol, como no resto da sociedade, toda essa ideologia da amoralidade negra e mestiça (legitimada pelo "saber científico") se fazia sentir de forma muito clara. Quando era preciso justificar as derrotas e invectivar os adversários, os argumentos recaíam sobre negros e mulatos: "fracos emociona e intelectualmente", "imprestáveis", como dizia o doutor Nina Rodrigues.*
>
> *Ao lado dessa ideologia, no entanto, novos fatores agiam na direção inversa: contra a segregação, dando início a uma maior aceitação dos jogadores negros. O jogador mulato, que por um lado era objeto da carga preconceituosa, servindo de veículo para a manutenção de estereótipos, por outro, teve um papel central na democratização. E particularmente a figura de um mulato foi fundamental para dar início a esse movimento na direção oposta ao segregacionismo no futebol – Arthur Friedenreich.* [30]
>
> *Com esse nome nada brasileiro, o mulato Friedenreich (filho de um alemão com uma negra) se tornaria o maior ídolo do futebol brasileiro da época, marcando o gol da vitória da seleção no Campeonato Sul-Americano de 1919. Não tanto por ter feito esse gol tão importante, mas pelo fato de ser mulato (...) Através dele, uma grande parcela dos torcedores, e do povo em geral, começou a perceber que o futebol não precisava ser de uma só cor, nem só da elite. Podemos imaginar que a importância de Friedenreich se deve ao fato de que ele marca talvez o ponto-chave na identificação do futebol com o ethos nacional. (Gordon Jr., 1995: p. 85; grifo nosso)*

Gordon Jr. ataca em seu artigo a ideologia da democracia racial, a "fábula das três raças", mas, ao referir-se ao herói fundador do futebol brasileiro, reedita as crenças que animaram a formação dessa ideologia. O Friedenreich de Mário Filho e dessa tradição, na qual se insere Gordon Jr., se teria tornado herói por ser mulato e não propriamente por seu feito; ou por marcar o *ponto-chave na identificação do futebol com o ethos nacional.* A imagem do mulato como redutor de antagonismos, como imagem do Brasil e dos brasileiros, é reeditada por Gordon Jr..[31] Ao reeditar o mito fundacionista do estilo brasileiro de futebol, Gordon Jr. e Joel Rufino dos Santos reeditam a ideia freyreana dos *mulatos ainda mais brasileiros,* mais brasileiros porque fruto da mistura, da miscigenação e, em certa medida, pela afirmação da "fábula das três raças".

Nessa trilha a tradição vai sendo atualizada, recebendo novos contornos e acréscimos no processo de afirmação da identidade nacional. Observe-se a seguir a versão de Murad sobre o nascimento do estilo brasileiro do futebol:

> *Toda essa história antropológica de utilização do corpo foi condensada no futebol brasileiro. Quando começaram a jogar o futebol por aqui, os negros não podiam derrubar, empurrar, ou mesmo esbarrar nos adversários brancos, sob pena de severa punição: os outros jogadores e até os policiais podiam bater no infrator. Os brancos, no máximo, eram expulsos de campo. Esta redução dos espaços dentro das "quatro linhas", subproduto de sua situação social, obrigou os negros a jogarem com mais ginga, com mais habilidade, evitando o contato físico e reinventando os espaços. Sim, porque o drible não é outra coisa que a criação de espaço, onde o espaço não existe. Indubitavelmente,* **foi o jogador negro que imprimiu no futebol brasileiro um estilo próprio de magia e arte, diferente das formas arcaicas do jogo de bola, bem como de sua descendência inglesa imediata.** *Fausto, Leônidas, Domingos, Waldemar, Petronilho desenharam este instante inaugural, cujo destaque pictórico é a bicicleta. Entretanto,* **o negro não exigiu o título de propriedade, nem requereu certificado de direito autoral deste futebol-arte.** *O negro foi socializado, e inúmeros e geniais jogadores brancos foram fundamentais para sua ampliação, divulgação e consolidação. (Murad, 1994a: p. 188; grifo nosso)*

Murad nesse segmento nos fala de perseguição e desigualdade de tratamento aos negros no espaço do jogo. Da desigualdade imposta nasceria criativamente o estilo brasileiro de futebol. Os negros inventaram o drible e a ginga de corpo por serem "obrigados" a evitar o enfrentamento e o contato corporal com os brancos; inventaram um estilo de magia e arte tipicamente nacional. As narrativas desse tipo pretendem encontrar formas de resistência do negro ao espaço no futebol, mas acabam por reforçar a ideia de uma integração quase harmônica ou submissa do negro no futebol. O negro foi criativo porque aceitou o "jogo do branco". O texto deseja ser politicamente correto ao inventar uma história de resistência, mas informa que o negro, mesmo igualado a qualquer jogador pelas regras, devia desviar-se, evitar o confronto e submeter-se. Assim, ao invés de lutar contra a injustiça, inventa um jeitinho, uma saída malandra se lermos a fundo as palavras de Murad. O estilo brasileiro poderia, então, ser pensado como produto da submissão e da falta de capacidade de enfrentamento e mobilização dos negros no Brasil? Tais construções, sem dados empíricos, funcionam mais como mitemas que explicam a face heroica da história do futebol brasileiro, mas também podem demonstrar as fragilidades do herói. É questionável que esse tipo de reconstrução imaginária realize algum bem para a causa da igualdade no Brasil, e talvez, no fundo, seja uma apropriação invertida dos preconceitos sobre a "mulatice".

Tais histórias possuem como pano de fundo supostos conflitos entre elites e populares, brancos e negros, amadorismo e profissionalismo, times de subúrbio e times da cidade, num amálgama no qual é preciso distinguir, classificar e ordenar importâncias de questões e oposições. No entanto, domina, nas novas narrativas sobre o futebol brasileiro, o eixo constituído pelas tensões raciais, e seria o racismo que explicaria e organizaria o conjunto das oposições.

O racismo seria para o Brasil dos "novos narradores" como o parentesco para a sociedade primitiva. Podemos pensar se isso não é produto do peso da formação antropológica entre os novos narradores; contudo, não se distingue, como também manda a tradição antropológica, onde é possível fazê-lo.

As novas narrativas parecem formar uma "gangorra discursiva": a ideia de segregação alterna-se com a de apropriação cultural sem que se expliquem e se apresentem os mecanismos e as provas empíricas de como se deu esse processo. O estilo de futebol brasileiro teria sido construído não só pelas "habilidades corporais do negro", mas também em função do racismo dominante na sociedade brasileira que se refletia no espaço do futebol. De fato, a construção é mágica.

> *Mas os resultados dos primeiros campeonatos de futebol acabariam por ratificar toda essa série de estereótipos e preconceitos contra os negros e mulatos. Até 1923, todos os clubes campeões, no Rio de Janeiro, contavam somente com brancos... A derrota dos times "sem família" servia para demonstrar, no discurso popular, a superioridade do branco.*
>
> *Obviamente, à distância nos faz perceber que isso se devia antes às boas condições de vida e à melhor infraestrutura desses times do que a qualquer característica de cor e raça... Eram os "clubes de branco" os campeões em cima dos "clubes de preto". Os ideólogos da inferioridade negra tomavam o esporte, e então o futebol, como mais uma prova irrefutável de que nas raças humanas os brancos ocupavam a posição mais alta. (Gordon Jr., 1995: p. 80-1)*

O texto de Gordon Jr. é quase uma reprodução literal dos termos e ideias de Mário Filho. Os ideólogos raciais utilizavam-se da vitória dos clubes de "branco" sobre os de "preto" para reforçar o preconceito e os estereótipos raciais. Poder-se-ia perguntar se Gordon levantou documentos que relacionam diretamente as ideologias racistas e seus ideólogos com o futebol. Sem provas, a suposta conspiração do passado apenas parece servir às construções de identidade étnica, numa versão do politicamente correto que se projeta no presente. É necessário destacar que não se está afirmando que não existia ou não existe preconceito racial na sociedade brasileira e no futebol. Seria absurdo pensar que não há preconceito racial numa sociedade que pouco tempo atrás mantinha a instituição da escravidão. Não é isso o que se discute. O que está em discussão é uma construção mágica que se apoia nessa "verdade de bom senso" para realizar a invenção da tradição do futebol sem distinguir e sem apresentar dados empíricos que justifiquem essas genéricas afirmações.

Os exemplos são constantemente repetidos da fonte original: o NFB. A insólita e repetida "história" do jogador do Fluminense Football Club que passou pó de arroz no rosto para dissimular seus traços negros no ano de 1914,[32] o preconceito racial de nove jogadores-sócios que se desligaram do América quando Manteiga,[33] excelente ponta direita, integrou essa equipe, a exploração de jogadores negros que, como Fausto,[34] morreram na miséria e doentes no sistema do amadorismo marrom (semiprofissionalismo), são mitemas constantemente acionados para corroborar a "história oficial" do futebol e, por extensão, enfatizar o racismo na sociedade brasileira. Se esses exemplos representam o momento baixo da "gangorra", outros servem para inverter a posição do brinquedo. O Clube de Regatas Vasco da Gama, que representava a colônia portuguesa, com um time formado por pretos, mulatos e brancos pobres e semianalfabetos, foi campeão em 1923, mostrando à elite branca a força daqueles que eram considerados os "párias" da sociedade. Mas a vitória mestiça teria recebido de pronto a retaliação "branca": os times de elite desligaram-se da Liga Metropolitana dos Desportos Terrestres (METRO), fundando a Associação Metropolitana de Esportes Atléticos (AMEA).[35] A mesma façanha do Vasco seria conseguida também pelo São Cristóvão em 1926 e pelo Bangu em 1933, todos seguindo a boa fórmula da mistura. As narrativas enfatizam que os negros teriam dado provas da força do estilo criado nas "peladas", nos campos de várzea e nos terrenos baldios. De fato, a insistência na repetição parece indicar que se trata de uma "história exemplar", de uma pedagogia ou de uma campanha de ideologização, ao invés de pesquisa e reflexão sobre a história.

Essas quase-histórias do Pó de arroz, do Manteiga e da perseguição ao Vasco são melhor explicadas pela tensão ocorrida nesse período entre o *ethos* amador, a popularização do futebol e as demandas de profissionalização. Observe-se que qualquer negro que aparecesse para jogar em time da primeira divisão, sem nome familiar de prestígio, tinha sua condição de amador colocada sob suspeita. Não se pode esquecer que naquela sociedade a maioria da população negra ocupava as posições inferiores como empregados subalternos e desempregados, na maioria dos casos. A lógica de "quanto melhor condição social e econômica, maior a probabilidade de o jogador ser amador" governava o esporte. Assim, é provável que a desconfiança fosse maior em relação aos negros sem sobrenome de prestígio. No caso de um Joaquim Prado, membro de tradicional família paulista, negro e jogador do requintado Paulistano, não pairaria dúvida sobre sua condição de amador. Esse argumento pretende chamar a atenção para as confusões que se estabelecem entre distinção social e racismo O preconceito racial existia, mas se confundia ou desaparecia com a ideia de distinção social. Tal como no caso dos negros que por pertencerem às elites eram embranquecidos (cf. Soares, 1998-b).

O estilo negado e construído à margem do "futebol branco" não tardaria a emergir como símbolo do Brasil e dos brasileiros. Reconhecido, cantado e elogiado por jornalistas e cientistas sociais, passou o futebol a fazer parte da definição da identidade brasileira. Os caminhos foram rapidamente percorridos. Com a ampliação da prática do futebol nos centros urbanos sua popularização tornou-se inevitável, embora esse processo tivesse ocorrido pela mão de alguns acasos animados por "tensões raciais e de classe".

Democratização e afirmação do negro

A democratização do futebol descreve o início das conquistas sobre o racismo: o negro triunfa. Seu estilo torna-se nacional e é reconhecido internamente e externamente. Os 'novos narradores' de acordo com Mario Filho afirmam que a força desse estilo teria começado a dar provas do que seria seu futuro pelos pés de Friedenreich no Campeonato Sul-Americano de 1919. Esse mulato teria sido o primeiro ídolo do futebol brasileiro. Friedenreich é uma metonímia da miscigenação bem-sucedida (filho de alemão e de negra). Depois, como já visto, o Vasco com seu time mestiço revoluciona o futebol em 23, seguido de outros clubes que adotaram a fórmula da mistura de raças e classes. Assim, a democratização e afirmação do negro no futebol tornam-se história escolar ou pedagógica.

O futebol teria se tornado, por volta de 1950, um meio de mobilidade social e econômica para aqueles que pertenciam à "metade inferior" da sociedade. Os negros teriam ganhado posições de destaque no futebol brasileiro. Apesar disso a perseguição ao negro não havia terminado. O racismo teria sido reativado com a derrota do Brasil para o Uruguai na decisão da Copa de 1950, como já visto. A derrota tornou-se motivo para que se apontasse a fragilidade emocional dos negros e de nossa "raça mestiça". Diz Gordon Jr., reproduzindo Mário Filho, que:

> *O país cobriu-se de luto e vergonha, o povo tinha sido humilhado. Era preciso reconhecer os culpados. E como era de se esperar, os culpados foram reconhecidos nos negros. Não só em três negros do time, diretamente acusados pela derrota – Barbosa, Bigode e Juvenal – mas também na gota de sangue negro que havia constituído a própria civilização brasileira. A derrota para os uruguaios trouxe à tona toda a carga racista enraizada em nossa sociedade. As acusações, repletas de rancor racista, vinham de todos os lados. "Bigode se intimidara frente a Obdúlio Varela, apanhara, era um covarde". "A culpa é de Barbosa". Por outro lado, o técnico Flávio Costa responsabilizava Juvenal, lembrando de seus defeitos: "cachaceiro" (Gordon Jr., 1995: p. 71).*

Gordon Jr., ao reproduzir esse tipo de descrição apenas atualiza o mito. Observe-se que as acusações que descreve jamais poderiam ser encaradas como "repletas de rancor" racista. Bigode se intimidara por ter levado uns safanões de Obdúlio Varela (cena ou fato que Guedes diz não aparecer em nenhum dos periódicos da época consultados e diz que achou tal decscrição apenas em Mário Filho); Barbosa fora condenado por levar dois gols e Juvenal fora acusado de "cachaceiro" (com o sentido de irresponsável). Essas supostas injúrias poderiam ser consideradas racistas?

O racismo em 50 foi construído por Mário Filho para colocar o herói em nova situação de dano. A partir do levantamento de suas crônicas jornalísticas nos dias e nos anos que se seguiram à fatídica derrota, verifiquei que não aparecem nos jornais acusações, expressões e denúncias de sentimentos racistas.[36] O que se acha nos jornais são expressões como "falta raça e falta fibra". Não se pode imputar racismo sem que se pesquise que significados ou representações sociais são atribuídas a esses termos na linguagem específica do esporte, no Brasil e no exterior, e no contexto histórico onde circularam tais expressões. É necessário destacar que a ideia de recrudescimento do racismo não aparece nas crônicas de Mário Filho nos anos 50; tal ideia só aparecerá na edição do NFB em 1964.[37] Como o próprio Mário Filho escreve em uma de suas crônicas, intitulada "A lição da derrota no melhor momento do *football* brasileiro":

> *(...) Culpava Bigode, culpava Barbosa, culpava o scratch que não vencera o match que não podia perder. E o que mais me revoltava era o fato de ter o scratch brasileiro perdido para um adversário que normalmente tinha de ser batido.*
>
> *Diante da indiscutível superioridade do scratch brasileiro, o torcedor não encontrava outra explicação a não ser a falta de fibra. O torcedor brasileiro não podia acusar os jogadores do scratch brasileiro de desinteresse.*
>
> *Eu também participei dessa opinião quando enfrentei a derrota. Foi preciso que deixasse passar horas, revendo o match, e o match todo começou na manhã seguinte à grande vitória contra a Espanha (...)*
>
> *Para vencer o Uruguai, foi isto que o match da decisão mostrou, bastaria que Bigode não falhasse duas vezes. Bastaria inclusive, que Bigode só falhasse num dos goals ou que Barbosa, mesmo Bigode falhando, não falhasse num dos goals.*

Bigode e Barbosa não falharam por falta de fibra. Falharam porque sentiram demasiadamente a carga da responsabilidade de dar ao Brasil o título de campeão do mundo. (Jornal dos Sports, 22/07/1950: p. 5).

Chama a atenção é o fato dos "novos narradores" não questionarem os dados e interpretações que consomem para construir sua "pedagogia" antirracista. Não se perguntam por que apenas três negros foram escolhidos como bodes expiatórios, já que a seleção tinha outros que não foram acusados pela derrota. Como já foi visto, Barbosa, Bigode e Juvenal foram eleitos culpados, mas sobre Bauer, Jair da Rosa Pinto e Zizinho, todos com ascendência e traços de negro, não recaiu culpa alguma (Rodrigues Filho, 1964: p. 335). O óbvio é que os "bodes expiatórios" eram os jogadores da defesa brasileira que participaram direta ou indiretamente dos lances dos gols uruguaios. Uma explicação mais sublunar e menos conspiratória seria pensar que, em futebol, a defesa e o goleiro aparecem facilmente como culpados e vilões das derrotas. Mas, os "novos narradores" insistem, apoiados no livro de Mário Filho e nas quase-histórias sobre esse esporte, em utilizar o futebol como meio de política antirracista. Ser antirracista ou lutar contra o racismo é uma boa causa aqui e em outras latitudes, e é sem dúvida uma atitude louvável. O que não parece louvável é a atitude pouco distanciada que adotam para escrever uma história ou sociologia do futebol brasileiro que acaba, em função disso, convertendo-se em pura pedagogia antirracista (cf. Soares, 1998).

As novas narrativas, incorporando a tradição, apontam que conspirações racistas sempre rondaram a formação dos selecionados brasileiros; essa ideia transforma-se em constante da história do futebol brasileiro. O racismo estaria na desconfiança de que pretos e mulatos não teriam o necessário equilíbrio psicológico em momentos decisivos. Contudo, o sentimento racista seria mais uma vez superado em 1958, apesar de o racismo também ter rondado a formação desse selecionado (Cf. Gordon Jr., 1996).[38] A façanha voltaria a ser realizada na Copa de 62. Apesar do racismo, o estilo dançado, gingado e improvisado do futebol brasileiro seria revelado ao mundo através do preto Pelé e do mulato Garrincha. O herói superou assim as provas na sua caminhada para o reconhecimento.

As novas narrativas não param em 1962. Elas continuam a tradição de Mário Filho e de certa forma a estrutura do NFB é reproduzida. Maurício Murad propõe uma periodização para estudar o futebol brasileiro como uma forma privilegiada de entender a nossa sociedade. A periodização proposta, provavelmente inspirada nas descrições do NFB, enfrenta os problemas que não foram enfrentados por seu inspirador. Mário Filho não propõe nenhuma periodização explícita. Os recortes históricos propostos em ordenação cronológica geram problemas e mais problemas de coerência e consistência conceitual. Por exemplo, Mário Filho nunca afirmou categoricamente que os negros foram proibidos de jogar. Pode-se achar em seu texto a existência de preconceito, de preferência pelos brancos em relação aos negros, ou que o futebol inicialmente era restrito às elites. Isso não quer dizer, *prima facie,* que restrição signifique segregação estrita. Por exemplo, a maior parte da população brasileira não joga golfe e nem por isso se sente segregada ou é segregada desse esporte. O NFB também não fixa cortes temporais tão precisos e então pode mesmo se desdizer. Já a periodização proposta por Murad cai nesta armadilha:

> *1894/1923 – pré-história – elitização e proibição dos negros e pobres; 1923/1933 – clandestinidade – fase inicial do ingresso de negros e pobres; 1933/1950 – revolução – democratização e popularização do futebol; 1950/1970 – consolidação – auge do futebol brasileiro e conquista do tricampeonato, o 1º. na história mundial; 1970/1990 (Copa da Itália, última conjuntura estudada) – declínio – retrocesso e "rebranqueamento", pela subtração de oportunidade a negros e pobres. (Murad, 1994b: p. 72)*

Murad tenta criar uma nova situação de dano ao herói negro, afirmando que o insucesso na Copa de 1990 foi devido ao rebranqueamento da equipe. Sem nenhum argumento comparativo, afirma que houve rebranqueamento da seleção brasileira. É necessário observar que o referido texto foi escrito antes da Copa de 1994 e, pela lógica, poder-se-ia afirmar que o sucesso alcançado deveu-se à inclusão de negros. Observe-se que o referido autor acaba, mesmo que sem consciência, com este tipo de causalidade espúria quando propõe esse tipo de periodização.

Gordon Jr., na mesma direção, atualiza Mário Filho e propõe isolar:

> *(...) 3 momentos (obedecendo, de certa forma, à própria estrutura de Mário Filho) que podem ser distinguidos ao longo da história do negro no futebol e de sua ascensão na sociedade nacional. 1 – A democratização do futebol brasileiro, no período que vai até a metade do século, no qual vemos lentamente a aceitação do negro e do mulato dentro do esporte; 2 – A Copa de 50: a tragédia da derrota reacendendo a discussão sobre as deficiências da raça brasileira, as acusações contra os negros e contra nossa própria "civilização mestiça"; 3 – O tricampeonato mundial em 1970: a "revanche do preto", centralizada na figura de Pelé. (Gordon Jr., 1995: p. 76)*

Quanto ao terceiro momento, Gordon Jr. esclarece em nota que,

> *"[na] realidade, a segunda edição (ampliada em forma definitiva) do livro de Mário Filho não vai até a conquista do Tri, finalizando com a Copa do Mundo de 1962. Incluí propositalmente a Copa de 70 porque acho que ela é o coroamento do processo descrito por Mário como a revanche do preto" (Gordon Jr. 1995: 76).*

A vontade de Gordon Jr. de escrever o último capítulo da obra de Mário Filho é explícita, e prova suficiente de como os "novos narradores" foram tragados pela potente narrativa.

Considerações finais

O futebol que nasceu nos campos de várzea, na "metade inferior" da sociedade brasileira, num país pobre e mestiço, afirmar-se-ia e continua a afirmar-se diante das grandes potências, seguindo a boa tradição de Mário Filho, quando inclui em seus quadros a sabedoria da mistura racial. Os "novos narradores" são a complementaridade que faltava à tradição iniciada por Mário Filho, isto é, a legitimação acadêmica ou científica das suas histórias de identidade ou de uma pedagogia do antirracismo que usa como recurso o futebol.

A pedagogia antirracista e o ataque à idealizada democracia racial brasileira acabam sendo englobados ou engolfados pela força da narrativa de Mário Filho sobre a trajetória do herói negro no futebol. Contudo, o futebol não parece ser o local mais propício para observar o preconceito, a discriminação e a segregação que desejam apresentar os "novos narradores", na medida em que eles próprios afirmam ter sido esse esporte um meio privilegiado de mobilidade social; e não somente no Brasil. Ao mesmo tempo, por também desejarem anunciar o futebol como elemento central da identidade brasileira, acabam apontando a raça, a miscigenação e o racismo como "causas" da construção desse sedutor estilo de futebol que encanta a eles próprios e ao mundo.

Enfatizando o já dito, e lembrando o alerta de Antonio Candido, o romance de tipo realista pode fornecer o clima ou uma certa visão da sociedade traduzida em termos de arte. Entretanto, para obtermos uma visão informativa, temos que consultar documentos e fontes primárias (Candido, 1993: p. 31). Nesse sentido, necessitamos começar a realizar novas leituras e novos levantamentos empíricos sobre a história do futebol brasileiro, ao invés de promover um discurso romântico de construção da nação ou de militância politicamente correta.

Referências bibliográficas

BERLIN, Isaiah. *Vico e Herder*. Brasília: Editora da Universidade de Brasília, 1982.

BOURDIEU, Pierre. *Coisas Ditas*. São Paulo: Editora Brasiliense, 1990.

CALDAS, Waldenyr. *O pontapé inicial: memória do futebol brasileiro*. São Paulo: Ibrasa, 1990.

CANDIDO, Antonio. *O discurso e a cidade*. São Paulo: Duas Cidades, 1993.

ECO, Umberto. *Apocalípticos e integrados*. São Paulo: Ed. Perspectiva, 1976.

FREYRE, Gilberto. *Ordem e progresso*. Rio de Janeiro: Livraria José Olímpio Editora, 1959 (vol I e II).

GALEANO, Eduardo. *Fútbol a sol y sombra*. Buenos Aires: Catálogos, 1995.

GORDON JR., César C. "História Social dos Negros no Futebol Brasileiro". *Pesquisa de Campo/Revista do Núcleo de Sociologia do Futebol/UERJ*. Rio de Janeiro. 2: 71-90, 1995.

_____. "'Eu já fui preto e sei o que é isso', História Social dos Negros no Futebol Brasileiro: segundo tempo". *Pesquisa de Campo/Revista do Núcleo de Sociologia do Futebol/UERJ*. Rio de Janeiro. 3/4: 65-78, 1996.

GUEDES, Simoni L. *O futebol brasileiro – Instituição Zero*, Rio de Janeiro: 1977. Dissertação Mestrado em Antropologia Social – Museu Nacional/ UFRJ, Universidade Federal do Rio de Janeiro, 1977.

HOBSBAWM, Eric. "A Produção em Massa de Tradições: Europa, 1789 a 1914". In: Eric Hobsbawm e Terence Ranger (Org.). *A invenção de tradições*. Rio de Janeiro: Paz e Terra, 1997.

_____. *Nações e Nacionalismos desde 1780: programa, mito e realidade*. Rio de Janeiro: Paz e Terra, 1990.

LEITE LOPES, José S. "A vitória do futebol que incorporou a Pelada". *Revista da USP, Dossiê Futebol*. São Paulo, 22 (jun, jul, ago): 64-83, 1994.

MANDELL, Richard D. *Historia cultural del deporte*. Barcelona: Edicions Bellaterra, 1986.

MATTOS, Cláudia. *Cem anos de paixão: uma mitologia carioca no futebol*. Rio de Janeiro: Rocco, 1997.

MURAD, Maurício. *Todo esse lance que rola. Uma história de namoro e futebol*. Rio de Janeiro: Relume Dumará, 1994(a).

_____. "Corpo, Magia e Alienação – o negro no futebol brasileiro: por uma interpretação sociológica do corpo como representação social". *Pesquisa de Campo/Revista do Núcleo de Sociologia do Futebol/UERJ*. Rio de Janeiro, 0: 71 – 78, 1994 (b).

_____. "Futebol e Violência no Brasil". *Pesquisa de Campo/Revista do Núcleo de Sociologia do Futebol/UERJ*. Rio de Janeiro, 3/4: 89-103, 1996.

PROPP, Vladimir. I. *Morfologia do Conto Maravilhoso*. Rio de Janeiro: Ed. Forense Universitária, 1984.

RODRIGUES FILHO, Mário. *Copa Rio Branco, 32* (Prefácio de José Lins do Rêgo). Rio de Janeiro: Irmãos Pongetti Editores, 1943.

_____. *O Negro no Futebol Brasileiro* (Prefácio de Gilberto Freyre).Rio de Janeiro: Irmãos Pongetti Editores, 1947.

_____. *O Negro no Futebol Brasileiro*. São Paulo: Civilização Brasileira, 1964.

ROSENFELD, Anatol. *Negro, Macumba e Futebol*. São Paulo: Editora Perspectiva, 1993.

SANTOS, Joel R. *História política do futebol brasileiro*. São Paulo: Ed. Brasiliense, 1981.

SCHER, A. & PALOMINO, H. *Fútbol: pasión de multitudes y elites: un estudio institucional de la Asociación de Fútbol Argentino (1934-1986)*. Buenos Aires, CISEA, 1988.

SEVCENKO, Nicolau. "Futebol, Metrópole e Desatinos". *Revista da USP, Dossiê Futebol*. São Paulo, 22 (jun, jul, ago): 30-37, 1994.

SKIDMORE, Thomas E. *O Brasil visto de fora*. Rio Janeiro: Paz e Terra, 1994.

SOARES, Antonio Jorge & LOVISOLO, Hugo. "O futebol é fogo de palha: a profecia de Graciliano Ramos", *Pesquisa de Campo/Revista do Núcleo de Sociologia do Futebol/UERJ*. Rio de Janeiro, 5: 7-20, 1997.

SOARES, Antonio Jorge. *Futebol raça e nacionalidade no Brasil.- releitura da história oficial*. Rio de Janeiro, 1998. Tese (Doutorado em Educação Física) – Programa de Pós-graduação em Educação Física, Universidade Gama Filho, 1998 (a).

SOUZA, Marcos A. "Gênero e Raça: a nação contruída pelo futebol brasileiro". *Cadernos Pagu – Raça e Gênero* (Núcleo de Estudos do Gênero/ UNICAMP). Campinas, 1996.

VIANNA, Hermano. *O mistério do Samba*. Rio de Janeiro: Jorge Zahar Ed., 1995.

VOGEL, Arno. "O Momento Feliz, Reflexões sobre o Futebol e o ethos nacional". In: Roberto DaMatta (Org.). *Universo do Futebol: esporte e sociedade brasileira*. Rio de Janeiro: Pinakotheke, 1982.

WATT, Ian. *Mitos do individualismo moderno*. Rio de Janeiro: Jorge Zahar, 1997.

[1] Entrevista dada a Revista *Estudos Históricos*, n° 6, Rio de Janeiro, 1990.

[3] Utilizaremos aqui as iniciais NFB para nos referirmos ao livro.

[4] No sentido de esclarecer o leitor, Mário Rodrigues Filho (1908-1966) foi um famoso jornalista que despontou na imprensa esportiva no ano de 1927 (no Jornal de propriedade de seu pai, Mário Rodrigues) e só parou em 1966 em função da morte tê-lo pegado de surpresa. Mário foi um inventor de tradições no campo da cultura esportiva no Brasil. Foi proprietário e idealizador do primeiro jornal especializado em esportes no país e também proprietário do *Jornal dos Sports*. Seu Jornal e seu jornalismo nunca se limitaram a noticiar passivamente os fatos esportivos. O *Jornal dos Sports*, sob sua direção, atraiu intelectuais e homens da literatura para escrever sobre esporte, participou de polêmicas sobre o esporte nacional, criou a partir do seu jornal eventos esportivos para juventude e para o esporte em geral (Jogos da Primavera, torneios de futebol infantil e adulto, promoções esportivas no futebol profissional e promoveu competições esportivas em todos os níveis e categorias), foi um militante incansável a favor da construção do Maracanã para sediar a Copa de 1950 (Estádio que após sua morte em 1966 recebeu o seu nome). Em síntese pode-se dizer que Mário Filho fez dos esportes seu negócio, tema de sua literatura (escreveu a maioria de seus livros nesse campo, embora tenha escrito poucos romances), sua arena política e, segundo o falecido jornalista e dramaturgo Nelson Rodrigues (irmão de Mário Filho), sua razão de existência.

[5] No sentido de delimitação abordo os texto que escrevem sobre o futebol academicamente como material empírico, os autores e seus textos assim funcionam como exemplares da tese que estou defendendo. Os principais são os seguintes: Murad (1994b e 1996), Gordon Jr. (1995 e 1996), Leite Lopes (1994), Mattos (1997), Santos (1981) e Caldas (1990). Caso o leitor necessite de uma visão mais densa sobre o material empírico consultar Soares (1998a).

[6] Defino "freyrismo popular" como a crença em que no Brasil não existe racismo ou preconceito racial. Sabemos que Gilberto Freyre não compartilhava a ideia de que não existe racismo ou preconceito racial no Brasil. Essa ideia foi construída a partir da inspiração paretiana.

[7] Nesse sentido ver também Umberto Eco (1976) quando analisa a cultura do romance entrelaçada com a cultura das "histórias em quadrinhos". Em minha tese discuto as produções dos acadêmicos também a partir desta perspectiva.

[8] Cf. Souza (1996). Este estudo trabalha com hipóteses semelhantes. O texto de Vianna (1995) em muito inspirou a construção de nossas hipóteses.

[9] A referência básica para pensar o NFB como estrutura do conto foi a obra de Propp (1984). O estudo de Propp foi uma das referências que Lévi-Strauss utilizou para pensar a estrutura do mito.

[10] O autor não utiliza a ideia de segregação, proibição explícita, pois, trabalha com a imagem de que os negros eram poucos nesse espaço social.

[11] Mário Filho destaca jogadores negros que pertenciam às elites. Cita Joaquim Prado, jogador do aristocrático Clube Paulistano, Basílio Vianna, jogador e fundador do Clube de Regatas Botafogo, entre outros. Joaquim Prado é descrito como um lorde pela educação, pela forma como se vestia e pelas posses. Mário Filho diz que as pessoas não viam Joaquim Prado como negro, mas quando o viam assim era para admirá-lo mais. (Cf. Mário Filho, 1964: p. 12-3)

[12] Poder-se-ia dizer que pouco importa se Charles Miller foi ou não o primeiro a introduzir ou anunciar esta prática esportiva entre nós. A história da origem é, no mínimo, pouco significativa. Se se leva em consideração a penetração inglesa no Brasil, em investimentos e recursos humanos, nada mais fácil de supor que os ingleses trouxeram o futebol e as bolas vendidas pelos comerciantes. Boa parte das importações, senão a maior, provinha da Inglaterra, tendo o pico entre o final do XIX e início do XX. Uma forte colônia inglesa gerenciava negócios financeiros e industriais no Brasil. Assim, os produtos e os hábitos ingleses, o estilo de vida inglês, penetravam o cotidiano das grandes metrópoles. O *tea o'five* era um hábito muito comum entre as elites brasileiras ou, se preferir, entre o "leite" local. Acompanhar um estilo de vida europeu significava, para as elites brasileiras, aderir aos marcos da civilização, do progresso e construir a distinção social, sem contar com o fato que nossas elites se formavam na Europa não ibérica, e que Coimbra já havia deixado de ser o polo de formação de nossa cultura. Parece mais plausível, diante desses dados, pensar que o futebol e outros esportes surgem no Brasil numa configuração da formação das metrópoles e de um novo estilo de vida. O processo de padronização técnica e industrial, os novos ritmos e destrezas impostas ao corpo pela metrópole, as necessidades de integração de uma massa de imigrantes, a adesão aos estilos de vida considerados civilizados, fizeram do esporte um elemento adequado a estas novas demandas que se formavam nas metrópoles de Rio e São Paulo. Sevcenko (1994) aponta que futebol no Brasil teria seguido dois caminhos: "Um foi o dos trabalhadores das estradas de ferro, que deram origem aos times de várzea, o outro foi através dos clubes ingleses que introduziram o esporte dentre os grupos de elite" (p. 36). Portanto, a questão se foi Charles ou outro que trouxe o futebol para o Brasil é secundária e até certo ponto infantil do ponto de vista histórico.

[13] No sentido de auxiliar algum não brasileiro que venha a consultar este texto, esclareço que pelada ou racha significa um jogo de futebol onde o campo de jogo e as regras são improvisadas.

[14] Esse argumento esta nas elaborações do sociólogo italiano Domenico De Masi.

[15] A AMEA é fundada em 1' de março de 1924.

[16] O próprio Mário Filho comenta que o Botafogo em 1923 quase teria sido rebaixado

para a divisão inferior e relata o conflito que surgiu a partir dos grande clubes, quando estes reivindicaram mais cotas de poder no interior da antiga liga de futebol. Ver capítulo 4 deste livro.

[17] Observe-se que esse título muito se assemelha ao título do último capítulo da primeira edição de *Sobrados & mocambos,* "Ascensão do bacharel e do mulato". Cf. Soares (1998), especialmente capítulo 5, "Gilberto Freyre e o negro no futebol".

[18] Observe-se que Mário Filho cita *Sobrados & mocambos* em nota de rodapé para fundamentar essa crença nos santos.

[19] Publicou importantes romances que tinha como tema o cenário nordestino, econômico, político e seu povo, pertenceu a Academia Brasileira de Letras, publicou durantes muitos anos uma coluna esportiva. Lins do Rêgo era amigo pessoal de Gilberto Freyre e foi por seu intermédio que Mário Filho se aproximou e tornou-se amigo de Freyre.

[20] Cf. Rosenfeld (1993). O autor diz que Mário Filho confunde mobilidade econômica com *status* ou mobilidade social. Por exemplo, pode-se ter mobilidade social sem se ter necessariamente mobilidade econômica.

[21] Cf. Guedes (1977) e Vogel (1982). Ambos os textos realizam interessantes análises sobre as representações de morte coletiva a partir das categorias de Victor Turner.

[22] Mário Filho, no capítulo "A provação do preto", prepara o terreno indicando que suspeitas eram levantadas quanto à capacidade moral e psicológica dos negros, principalmente para ocupar a posição de goleiro.

[23] A história se transformou em mito, pois, a cada nova versão, acréscimos e supressões são realizadas. Cf. Soares (1998), especialmente o capítulo 8.

[24] Acredito ser essa uma questão de cunho teórico que deva ser levada em consideração em análises deste tipo.

[25] Freyre destaca em *Ordem e progresso* a surpresa dos estrangeiros por não existir no Brasil escravocrata nenhuma lei que estabelecesse diferenças de direitos civis entre brancos, negros e mulatos. Esta é uma das marcas que diferenciam, para Freyre, o preconceito racial no Brasil da segregação institucionalizada nos Estados Unidos. De fato, confundir preconceito com segregação institucionalizada leva a uma indiscriminação sociológica. Cf. Freyre (1959: 298-337).

[26] Cf. Skidmore (1994), especialmente o capítulo "O negro no Brasil e nos Estados Unidos".

[28] Observe que as elaborações do Professor Maurício Murad caminham na direção de naturalizar a ideia de cultura quando analisa o estilo brasileiro de futebol. Suas construções são românticas ao estilo de Herder. Cf. Berlin (1982).

[29] *Diário de Pernambuco*, 17/6/38.

[30] Observem como os termos preconceito *e segregação* são equivalentes no texto.

[31] Observe-se que Gordon Jr. ataca a democracia racial e não relaciona o livro de Mário Filho como um típico exemplar dessa ideologia. Diz Gordon Jr. (1995: 74): "A constatação dessa lenta mudança, no entanto, não pode ser confundida com a ideia de plena 'democracia racial' ou com a ilusão de que por intermédio do futebol pusemos fim ao racismo. O livro de Mário Filho nos apresenta fatos que constituem um processo de democratização das relações raciais dentro da sociedade brasileira, no qual o futebol exerceu um papel de grande importância. Mas um processo que, não custa repetir, está longe de seu término". O erro de Gordon jr. é não ter consultado a primeira edição do NFB (1947) e observado que Mário Filho retirou as frases e parágrafos que tinham posto fim ao racismo no futebol para acrescentar dois novos capítulos na segunda edição.

[32] Cf. Soares (1998-a), onde se demonstra que o racismo no sentido imputado ao "caso do pó de arroz" se enfraquece a partir da própria fonte utilizada. Carlos Alberto era jogador do América e, junto com outros jogadores, se havia transferido para o Fluminense. Conta a versão fundadora que Carlos Alberto teria sentido mais o peso de sua "mulatice" no Fluminense do que no América e por essa razão empoou o rosto para disfarçar sua cor.

[33] Cf. Soares (1998-a). O jogador Manteiga era negro e praça da Marinha, e sua ida para o clube pequeno-burguês teria causado reações racistas.

[34] Cf. Leite Lopes, (1994: 82). Esse autor cita caso do jogador Monteiro, que morreu de tuberculose, como "caso-limite e vítima do excesso de atividade, de abnegação pelo clube-empresa e do desgaste do amadorismo do jogador proletário", descrito na obra de Mário Filho. Observe-se que a análise de Leite Lopes é quase ficcional se pensarmos que a tuberculose não batia à porta somente de proletários e pobres naquela época.

36 Cf. Soares (1998). Esse é mais um dos mitos construídos a partir do jornalista Mário Filho.

[37] Acompanhei as crônicas de Mário Filho no *Jornal dos Sports* de julho de 1950 a agosto de 1954.

[38] Especialmente seus comentários: a nota 8 que diz que essa versão de Mário Filho não é aceita de forma unânime. Mas muitos dos "novos narradores" a citam; Murad é um exemplo destes reprodutores.

SOCIOLOGIA, HISTÓRIA E ROMANCE NA CONSTRUÇÃO DA IDENTIDADE NACIONAL ATRAVÉS DO FUTEBOL*

Ronaldo Helal

Cesar Gordon Jr.

Introdução

Nosso objetivo neste artigo é dar continuidade a um debate iniciado por Antônio Jorge Soares em sua tese de doutorado *Futebol, Raça e Nacionalidade no Brasil: releitura da história oficial*, defendida em 27 de março de 1998, na Universidade Gama Filho. Trata-se de um texto provocador movido por um enorme interesse científico e que trabalha na contramão do politicamente correto. Seguindo as tendências desconstrucionistas em voga, Soares procura desmontar uma certa versão acadêmica sobre o racismo no futebol que tem no livro *O Negro no Futebol Brasileiro* (NFB) de Mário Filho seu ponto de partida. Segundo Soares, a obra do famoso jornalista deve ser encarada como um romance ou conto que, ao misturar ficção e realidade, constrói mitos e produz um discurso sobre o nosso futebol que é, de fato, uma "tradição inventada". Para Soares, as histórias (ou, como prefere, os "causos") contadas por Mário Filho se articulam para constituir uma totalidade, um "épico onde os fatos e mudanças ocorridos no futebol são remontados e redescritos como tramas raciais"

---

*Este artigo foi originalmente publicado na Revista Estudos Históricos vol. 13, n° 23, Fundação Getúlio Vargas, 1999.

(Soares 1998:9). A partir dessa "descoberta", Soares põe em cheque alguns trabalhos recentes sobre o futebol brasileiro que se serviram do NFB como manancial de dados sobre a história das relações raciais no domínio futebolístico. A inquietação do autor recai sobre o fato de que cientistas sociais, por ele qualificados como "novos narradores acadêmicos" da história do futebol, ou "seguem fielmente" a obra de Mário Filho reproduzindo sua narrativa, mas reduzindo suas ambiguidades latentes, ou utilizam-na com relativa desconfiança, mas acabam "tragados pela sua narrativa mítica" (Soares 1998:175).

A pesquisa de Soares estimula o debate acadêmico sobre o tema e nos levou a travar um diálogo sobre a questão racial no futebol brasileiro e a construção de uma ideologia de identidade nacional, sobretudo por entendermos que, a despeito do grande interesse que desperta, o trabalho de Soares deixa em aberto algumas importantes lacunas[1]. É nesse espaço não explorado que gostaríamos de desenvolver nossas observações. Mesmo considerando que os argumentos de Soares merecem uma análise mais detida e aprofundada, iremos nos limitar a discutir quatro pontos de seu argumento, que na verdade estão interligados ao longo do texto, ainda que nem sempre formulados de modo explícito: 1) a crítica à utilização do NFB como fonte histórica; 2) a recusa em considerar a pregnância do idioma simbólico do racismo na história do futebol brasileiro; 3) a negação de um processo de relaxamento das tensões raciais no universo do futebol; 4) a desconsideração da ideologia da identidade nacional como instrumento heurístico relevante para a compreensão dessa história.

Mário Filho e *O Negro no Futebol Brasileiro*: Romance e História

Um dos argumentos centrais do trabalho de Soares é que Mário Filho não teria construído um estudo histórico ou sociológico sobre o negro no futebol brasileiro, mas um "romance". Através de uma análise exaustiva das edições do NFB, bem como da biografia de

Mário Filho, Soares conclui que o autor, mediante artifícios retóricos de legitimação, conseguiu disseminar a ideia de que sua obra se constituía numa descrição histórica objetiva das relações raciais dentro do futebol, encobrindo, na realidade um projeto de construção de identidade nacional baseada na noção de harmonia e integração das raças formadoras. Como num quebra-cabeça, partindo de "causos" (alguns talvez fictícios) da tradição oral do futebol, Mário Filho teria recortado e montado uma estrutura narrativa, cujo objetivo era mostrar como o futebol teve uma participação decisiva na democratização racial e, portanto, na construção de uma nação integral. Projeto de inspiração freyreana, gestado no interior do Estado Novo, a "história" transmitida pelo NFB, nos assegura Soares, nada tem de "factual". Ao contrário, Mário Filho teria forçado e encaixado peças da história do futebol numa armadura narrativa que superenfatizava a questão racial, uma vez que seu objetivo, implícito ou explícito, era mostrar como as tensões foram superadas para que, enfim, a nação brasileira emergisse em toda a sua positividade, a partir da união harmônica dos três componentes raciais[2]. Assim, (a versão da história oficial do NFB apresentaria três núcleos narrativos que falam de a) segregação (racismo) em um momento, b) resistência em outro e c) integração nacional, formando a ideia de nação brasileira. Nessa trama, Mário Filho teria escolhido seus heróis – os jogadores negros e mulatos; e seus vilões – a elite branca urbana brasileira, fundadora dos grandes clubes de futebol e contrária à inserção dos negros nesse novo domínio da vida social que era o esporte.

A partir dessas considerações, sem dúvida relevantes, Soares propõe uma crítica a alguns estudos que utilizaram o NFB como fonte historiográfica (basicamente Leite Lopes 1994; Murad 1994, 1996; e Gordon 1995, 1996). De acordo com ele, "[o] NFB tornou-se uma fonte de referência para [os] que escrevem sobre as relações entre futebol, racismo e identidade" (1998:97).

O livro, tornou-se, de fato, uma espécie de referência obrigatória nos estudos acadêmicos sobre o futebol brasileiro, principalmente aqueles cujo foco são as relações entre brancos e negros. Seja por vício ou comodidade, – e, sem dúvida, pela escassez de trabalhos históricos sobre o futebol no Brasil, como o próprio Soares anota (1998:153), – isso impediu muitas vezes os autores de buscarem outras fontes sobre o tema e, assim, terminavam por não dar um tratamento crítico suficiente aos dados de Mário Filho. Diz Soares: "o problema está no fato de que Mário Filho situou o NFB como uma obra de história e os 'novos narradores' reforçam esse ponto de vista" (1998:133). Apesar de louvarmos o mérito do trabalho de Soares ao apontar um provável descuido metodológico dos "novos narradores", questionamos sua posição radical em negar qualquer possibilidade de utilização histórica do texto de Mário Filho. Tendo demonstrado que o livro do jornalista nada tinha de "inocente" (ou "objetivo"), – pois trazia embutida uma determinada concepção que ajudava a construir uma história para o Brasil, na qual, através do futebol, os personagens envolviam-se em conflitos raciais para superá-los ao final da saga –, Soares é levado a concluir que o NFB é uma obra "que não fal[a] sobre a história do futebol e das relações raciais no espaço do futebol" (1998:215). Segundo ele, o livro refletiria "um clima de época e não uma história no sentido *stricto* do termo" (id:ibidem), mesmo porque estaria "mais preocupado com os detalhes dos pitorescos causos que narra do que com a *verdade positiva* ou com a coerência interna [...]" (1998:8. O destaque é nosso).

Essa última argumentação revela uma concepção estreita sobre a história, reavivando conceitos que toda a "nova historiografia", desde a Escola dos Annales com L. Febvre, M. Bloch e F. Braudel, por exemplo, esforçou-se em superar.[3] Esse fervor a uma (im)possível veracidade dos "fatos" impede Soares de ver que, embora Mário Filho tenha construído e não descrito uma história, os episódios narrados em o NFB, e ainda o livro como um todo, continuam nos permitindo o acesso à história. E é o próprio Soares quem nos fornece a chave para reafirmarmos o caráter histórico, apesar de romanesco, do NFB, quando menciona que o livro foi basicamente montado a partir de depoimentos das pessoas envolvidas, sendo portanto uma recuperação da tradição oral do futebol (1998:15), e que nos transmite ainda um "clima de época" (1998:215).

Esses dois aspectos parecem ser para nós uma confirmação da possibilidade de dar um certo tratamento histórico ao NFB. Não podemos desconsiderar que muitos autores já demonstraram a importância da utilização de relatos da tradição oral como fonte histórica (Thompson 1978; Vansina 1986). De fato, o relato oral pode ser uma técnica útil para registrar o que não está cristalizado em documentação escrita. Segundo Queiroz (1988:16) "através dos séculos, o relato oral constituíra sempre a maior fonte humana de conservação e difusão do saber, o que equivale a dizer, fora a maior fonte de dados para as ciências em geral". E ainda: "tudo quanto se narra oralmente é história, seja a história de alguém, seja a história de um grupo, seja história real, seja ela mítica" (1988:19). Nesse sentido, poderíamos entender o NFB como uma compilação de relatos da tradição oral do futebol. E se é bem verdade, como nota Soares, que sua utilização como fonte histórica precisa ser efetuada com os devidos cuidados metodológicos, não podemos, no entanto, nos dar ao luxo de circunscrever o livro nos limites da ficção literária, ao custo de perder de vista um precioso documento sobre o futebol brasileiro.

Além disso, o "clima de época" mencionado por Soares (1998: 215) nada mais é do que um eufemismo para "história", como nos mostra brilhantemente Darnton (1984), ao extrair a história de uma coleção de textos, tais como uma versão camponesa de Chapeuzinho Vermelho, a narrativa de um massacre de gatos, etc. Esse tipo de texto, que a dureza da definição de Soares não o permite perceber como documento histórico, fornece certamente material para que o historiador das ideias, o historiador "etnográfico" (como define Darnton) possa entender a maneira como as pessoas de uma determinada época pensavam. Ora, os "causos" descritos do NFB, sejam "verdadeiros" ou "falsos", expressam justamente sua força histórica quando nos permitem vislumbrar esse "clima de época". Eles nos dão acesso às formas pelas quais as pessoas representavam as relações raciais e as tensões que experimentavam dentro do universo do futebol. Há uma diferença entre o NFB tomado com uma totalidade que tem um objetivo nacionalista e os "causos" individuais contidos na narrativa.

Esses últimos têm uma força própria que até mesmo transcende a tentativa de encaixá-los numa totalidade, como queria Mário Filho. Isso porque a despeito de Mário Filho querer contar a história do fim do preconceito racial através do futebol, os "causos" continuam a mostrar como o *idioma racial* permanece íntegro ao longo de toda a história.

Paradoxalmente, Soares acaba ofuscado pela "descoberta" de que o NFB deve ser tratado como um romance. Daí parece desconsiderar que, apesar de o podermos ler enquanto tal (ou pelo menos enquanto uma determinada maneira de montar o quebra-cabeças histórico), o NFB continua a ter validade histórica, uma vez que a trama que Mário Filho teceu não foi urdida sobre o vácuo e sim sobre um contexto social bem conhecido. As representações culturais a respeito das relações entre as raças manifestavam-se dentro do universo futebolístico, como na sociedade brasileira em geral. O futebol torna-se um espaço privilegiado para investigar tais temas, uma vez que foi utilizado na construção de nossa identidade nacional e esta, por sua vez, construída em cima de pressupostos racistas. Por isso, Gordon (1995:75) afirma explicitamente que a ascensão dos negros no futebol se deu no interior de um idioma racialista: as qualidades do futebol brasileiro foram essencializadas como se derivassem de "predisposições raciais", tais como malícia, ginga, musicalidade, irracionalismo (intuição), etc. Assim, os paradoxos percebidos por Soares na obra de Mário Filho são perfeitamente compreensíveis, se levarmos em conta as observações de Hasenbalg (1996), para quem a ideologia racialista no Brasil, como de resto a de muitos países da América Latina, é capaz de articular-se em torno de dois pontos centrais: de um lado "[...] o ideal de branqueamento"; e de outro "a concepção desenvolvida por elites políticas e intelectuais [...] sobre a harmonia e tolerância racial e a ausência de preconceito e discriminação racial" (1996:235-236). Isto é, uma conceituação ao mesmo tempo negativa e positiva de caracteres raciais atribuídos a negros e mestiços.

Finalmente, a ênfase de Mário Filho nas tramas raciais não faz com que essas desapareçam apenas porque percebemos que seu livro tem uma moldura narrativa que "desambiguisa" os fatos. Soares faz uma observação importante quando aponta as ambiguidades das histórias (ou dos "causos") contidas no NFB e de como elas podem ser lidas numa outra chave, por exemplo, a disputa entre amadoristas e profissionalistas. Mas ao invés de levar seu argumento às últimas consequências, retorna e faz a mesma coisa que acusa os "novos narradores" de fazer, isto é, "desambiguisa" tudo, e tenta impor uma única chave de leitura que venha a substituir a chave das tensões raciais. Seria mais interessante perceber como essas questões, na época da implantação do futebol, andavam todas juntas. Ou seja, tínhamos um discurso ou um idioma do amadorismo "encobrindo" tensões racistas e vice-versa. Soares, infelizmente, troca uma desambiguização por outra: onde se lia "racismo", propõe que se leia "amadorismo x profissionalismo". E essa redução não nos parece nem profícua do ponto de vista metodológico, nem justa do ponto de vista histórico.

O Idioma Simbólico do Racismo no Futebol Brasileiro

Aqui chegamos ao segundo ponto de divergência, que se relaciona diretamente com o anterior. Na medida que Soares procura desmontar o NFB como uma obra histórica, acaba por recusar implicitamente a existência de fortes tensões raciais dentro do futebol juntamente com a possibilidade de se extrair desse universo um conjunto de representações sociais sobre o negro e sobre a mestiçagem. Mais ainda, Soares expressa uma leitura idiossincrática do trabalho dos "novos narradores" a quem acusa de superenfatizarem, como Mário Filho, o tema das relações raciais no futebol. Segundo ele, ao "denunciar" o racismo no futebol, os "novos narradores" estariam apenas seguindo os modismos do politicamente correto, que muito bem se adaptariam às preocupações nacionalistas e integracionistas de Mário Filho (e por isso teriam se utilizado de sua obra "para '*provar*' que o Brasil foi e é um país racista" [Soares 1998:283, ênfase nossa]). Assim, o trabalho desses pesquisadores seria como que um espelho do texto do jornalista, no qual o racismo é um inimigo a derrotar. O resultado, diz Soares, é que "a história específica do futebol desaparece pois é englobada ou encorpada pelas vicissitudes da gesta moderna da raça negra, da qual o campo do futebol seria apenas um de seus lugares" (1998:10).

A partir daí, Soares empreende um verdadeiro *tour de force* para demonstrar que a problemática racial em o NFB foi hipostasiada por Mário Filho. Tenta mostrar, por exemplo, que os principais núcleos narrativos de o NFB utilizados para "provar" a presença do idioma racista no futebol (especialmente os casos do jogador Manteiga; do surgimento do Pó de Arroz como símbolo do Fluminense; e da criação da liga amadora de futebol AMEA), expressariam na verdade uma outra tensão: "[...] A hipótese da tensão amadorismo e popularização do futebol é mais plausível para explicar tais casos do que a simples denúncia do racismo na versão politicamente correta" (1998:284). Em todos esses casos, de acordo com Soares, "os sentimentos racistas, caso estivessem presentes, *seriam secundários*, mas não motores ou forças determinantes das tramas" (1998:267, ênfase nossa).[4]

Ao invés de enfatizar que a história do futebol no Brasil envolve *mais* do que um conflito entre raças (e suas representações ideológicas) – argumento que ninguém poderia rejeitar –, Soares termina por cair nas malhas do determinismo ao afirmar que essa história envolve mais precisamente o dilema entre profissionalistas e amadoristas. Nesse sentido, podemos dizer que sua crítica aos "novos narradores" seria "mais realista que o rei". Pois, sem dúvida, se não é apenas disso que se trata, nos parece difícil negar que a história do futebol brasileiro traz embutida a questão racial e nos dá acesso às representações culturais, isto é, às construções ideológicas ou simbólicas sobre o negros e sobre a mestiçagem.

No nosso entender, a crítica de Soares ao lugar do idioma simbólico do racismo no domínio futebolístico se dá por uma interpretação muito particular do trabalho dos "novos narradores"[5] e, ao mesmo tempo, pela desconsideração de importantes estudos sociológicos sobre as representações do negro e da mestiçagem no Brasil (por exemplo Azevedo 1987; Fernandes 1965, 1972; Fernandes & Bastide 1959; Ianni 1962; Seyferth 1985, 1991, 1996). Sem dúvida, não é possível negar a existência de todo um idioma simbólico do racismo na sociedade brasileira que se imiscuia em vários domínios[6]. E esse idioma não foi apenas "invenção" da narrativa de Mário Filho (ou dos novos narradores), nem esteve circunscrito ao futebol. Ele foi apontado por toda uma literatura devotada especificamente sobre o problema das relações raciais e que não consta da bibliografia utilizada por Soares. O NFB, portanto, não foi utilizado pelos 'novos narradores' para "provar" a existência do racismo e da segregação (1998:206). A sociologia e a historiografia brasileiras já o haviam feito através de pesquisas muito mais detalhadas.

Antes de prosseguirmos porém, vale recuperar, de forma esquemática, alguns pontos importantes que aprendemos com os estudiosos do racismo "à brasileira", como definiu Matta (1987).

A questão do racismo sempre ocupou enorme espaço no interior do pensamento social brasileiro. Desde as formulações de Gobineau, passando pelas investigações de Nina Rodrigues, Oliveira Vianna, Silvio Romero, João Batista de Lacerda, para citar uns poucos, a questão da presença do elemento negro e da mistura racial esteve quase sempre em primeiro plano nos debates sobre a formação da sociedade brasileira. Grande parte desses debates desenrolou-se em torno da hipótese do "branqueamento", segundo a qual o principal entrave ao desenvolvimento da sociedade brasileira teria sido a natureza de nossa miscigenação racial, marcada por uma predominância excessiva do "sangue negro". Se é bem verdade que após a Primeira Guerra, o discurso "sanitarista" procurou desenfatizar a questão racial, o ideal do branqueamento manteve-se sólido durante décadas, como nos chama atenção Skidmore (1976:caps. 2 e 6).

A partir da década de 30, o impacto da obra de Gilberto Freyre teve como consequência a gestação da noção de "democracia racial", que se infiltrou com grande força nos modelos de explicação da identidade nacional (Freyre 1933; Pierson 1942; e mais recentemente Rodrigues 1980). Nesta leitura, a miscigenação racial, empiricamente observada, era o resultado de uma norma harmônica, não conflituosa, nas relações entre as raças formadoras do complexo populacional brasileiro. Essa visão ganhava força quando se contrastava a relação entre as raças no Brasil e nos EUA, país onde se manifestava abertamente a segregação, o conflito e uma verdadeira clivagem nacional em torno das raças. Como resposta aos ideais do branqueamento, podemos interpretar a contribuição de Freyre como um "ideal de empretecimento": a multirracialidade tornava-se agora não uma desgraça, mas aspecto vantajoso e positivo da sociedade brasileira.

Posteriormente, já a partir das décadas de 50 e 60, quando um projeto iniciado pela UNESCO desemboca na chamada "escola paulista de relações raciais", a ideia de democracia racial torna-se objeto de escrutínio e crítica por parte de alguns analistas (entre eles, Fernandes & Bastide 1959; Fernandes 1965, 1973; Ianni 1962, Cardoso 1962, e também, posteriormente Skidmore 1974; Matta 1987; etc.). Com esses trabalhos, desmontava-se a concepção da "harmonia", mostrando como a segregação explícita e o conflito aberto não encontravam espaço na lógica do sistema ideológico racialista brasileiro, em que a segregação era um dado apriorísitico, uma questão de "essência". Percebeu-se também que a tipologia classificatória baseada em traços fenotípicos, ao contrário do esquema dual genotípico dos EUA, permitia um amplo espectro de manipulação das categorias raciais: daí todas as semitonalidades do mulato (superior, médio, inferior).

É preciso recordar que durante um largo período da nossa história toda a discussão sobre a formação da nação brasileira foi permeada por considerações de tipo racialista, entre as quais destacou-se o ideal de branqueamento, como nos mostra de forma consistente o trabalho de Giralda Seyferth (1991; 1996). As influências do ideal de branqueamento podem ser melhor entendidas a partir de uma análise das políticas de imigração efetivadas no país desde a abolição e durante as primeiras décadas do regime republicano (Seyferth id.). A noção de que era preciso, mediante ações de política pública, reduzir progressivamente os caracteres negros (físicos e sobretudo morais) na população brasileira, favorecendo o desenvolvimento de uma nação moderna (isto é, aprimorando o "caráter do povo brasileiro”), fez com que os ideais de branqueamento transcendessem os limites do discurso “acadêmico”, tornando-se um tópico corrente no “senso comum”. Como resultado, tivemos o surgimento de todo um ideário que desvalorizava os traços considerados negros. Aparentar ser negro era negativo; daí as formas de “driblar” a raça, efetivada, aliás, graças ao sistema de classificação racial “em gradiente”: a valorização de cabelos lisos, de mulatos de “olho verde” ou traços “finos”, uma vez que essas características eram esteticamente mais aceitáveis e menos “denunciadoras” da negritude. Do mesmo modo, comportar-se do ponto de vista psíquico-moral como um negro (isto é, como a “representação” do que era o caráter negro) também era negativo.[7] Daí, toda a preocupação em reproduzir um comportamento social público típico das classes de elite: educação, etiqueta, erudição, etc. Não custa repetir que todo esse conjunto de representações sociais sobre os negros e sobre a mestiçagem, que podem ser verificados em diversos estudos sociológicos sobre o tema, se apoiavam em determinadas concepções raciais, profundamente arraigadas no pensamento científico até o início do nosso século, como também no “senso comum”.

É preciso situar o surgimento da prática desportiva do futebol no país dentro de todo esse contexto cultural. Nos parece evidente, se assumimos tal posição, que esse conjunto de representações, essa verdadeira ideologia racial, fatalmente teria de aparecer também no domínio do futebol. Assim, do ponto de vista do “novos narradores”, os “causos” de Mário Filho não provam, mas ilustram muito bem os reflexos dessa imagística bem como da teoria do branqueamento.[8] Isto associado à flexibilidade das categorias raciais tinha como resultado o fenômeno interessante da recusa à negritude. Todo mundo queria “embranquecer” um pouco, seja do ponto de vista físico, quanto moral. Note-se que essa representação racial no domínio futebolístico vai dando lugar a outra, principalmente a partir do final da década de 30 (e como resultado do processo de solidificação da identidade nacional, já mencionado por Soares), em que a mestiçagem e a negritude passam a ser vistas como valor positivo e não mais negativo.

Por todos esses motivos, a questão da relação racial apareceu aos "novos narradores" da história do futebol como objeto de investigação. A utilização do texto de Mário Filho por esses autores tem como *background* teórico grande parte da discussão sobre as relações raciais no Brasil. Não se concluiu apartir da leitura de Mario Filho que havia racismo no futebol, como Soares afirma. E nem se tentou provar ao modo politicamente correto que há racismo, a partir da utilização de seu livro. O percurso foi diferente. Os "novos narradores" concluíram que o idioma racial foi um elemento constitutivo e pregnante na sociedade brasileira a partir da leitura de uma série de outros sociólogos e historiadores que dedicaram-se ao tema. E depois, procuraram mostrar que esse idioma, como não poderia deixar de ser, manifesta-se com muita força no futebol. E fundamentalmente porque este esporte foi utilizado, justamente como aponta Soares, nos debates sobre a constituição de uma identidade nacional, que estava baseada nas raças.

Enfim, por que o futebol estaria imune às representações sociais do negro e da mestiçagem que se constituíam num discurso ou num idioma que imperava em todas as outras instâncias da vida social, incluindo as políticas públicas (discussões sobre legislação imigratória, reformas penais, etc.)? Parece no mínimo um contrassenso imaginar que o futebol, desde o período de sua implantação como fenômeno cultural de massa, pudesse ficar imune à penetração das representações sociais do negro e da mestiçagem. Soares acredita que a temática racial que os "novos narradores" são levados a encontrar no universo futebolístico *devido* à leitura de Mário Filho, acaba por englobar e fazer desaparecer "a história específica do futebol" (1998:10). Ora, somos aqui levados a perguntar o quão específica pode ser essa história a ponto de tornar-se impermeável a uma construção ideológica presente em todas as esferas da vida social brasileira. Poderia ser o futebol um domínio tão próprio e tão particular que foi capaz de se alienar das representações culturais sobre o negro e sobre a mestiçagem?

O Relaxamento das Tensões Raciais no Universo do futebol

Não acreditando no texto de Mário Filho como uma obra histórica e recusando a importância do idioma racialista no futebol, Soares também rejeita a interpretação segundo a qual, o futebol serviu, em alguma medida, como domínio de "democratização" e ascensão social e econômica de parte da população negra. Considerando a obra do jornalista como construção literária de um processo e não como descrição objetiva, Soares cai numa armadilha e passa a negar a existência do processo em si. Assim o podemos entender de suas críticas a Gordon (páginas 187-195), a quem acusa de ter acreditado no processo de democratização racial contado por Mario Filho, ou que "acaba convencido pelos argumentos de Mário Filho de que só teria descrito um processo" (1998:193). Aqui devemos reconhecer que o termo "democratização" contém alguma ambiguidade. Pode ser usado para denotar ausência de segregação e de conflitos raciais mais ou menos abertos; para exprimir uma distribuição menos desigual de possibilidades de acesso a meios e bens culturais ou econômicos; e ainda para denotar a ausência de uma *ideologia* racialista ou de representações raciais da sociedade brasileira. O termo deveria ter sido utilizado com mais rigor pelos "novos narradores" e mesmo substituído, quando tomado na primeira acepção, por uma expressão menos ambígua, que poderia ser "relaxamento das tensões raciais". Gordon (1995, 1996), por exemplo, utiliza o termo "democratização" restritamente nas duas primeiras acepções, o que *não implica absolutamente a aceitação do mito da democracia racial*. E nesse sentido, continuamos a visualizar a possibilidade de descrição de um processo na história do futebol brasileiro em que os negros passaram de agentes minoritários (tanto do ponto de vista estatístico ou numérico quanto do ponto de vista de seu capital simbólico[9]) para agentes majoritários.

Sobre isso, cremos que vale evocar o interessante trabalho de Sansone (1996 e 1993, citado por Hasenbalg 1996:242) sobre as relações raciais na vida cotidiana em Salvador, Bahia. Trascrevemos aqui um trecho de Hasenbalg:

> *Sansone delimitou as áreas nas quais a cor das pessoas assume maior ou menor importância na orientação das relações raciais. Distingue assim entre as áreas duras e as áreas moles das relações raciais. As áreas duras são as do trabalho, particularmente a procura do trabalho, o mercado matrimonial e da paquera e os contatos com a polícia. As áreas moles ou espaços negros implícitos estão vinculados ao domínio do lazer, mas incluem também a Igreja Católica, as igrejas de crente e os círculos espíritas. Nestes espaços ser negro não deveria ser um obstáculo e neles pouco se fala sobre raça ou racismo. Haveria ainda os espaços negros explícitos, geralmente chamados da "cultura negra" (blocos afro, batucada, terreiros e capoeira). Neles, ser negro pode constituir uma vantagem; de fato, os negros são hegemônicos nestes espaços ao tempo que os brancos devem negociar as suas condições de participação" (Sansone 1993:162-163 apud Hasenbalg 1996:242).*

A longa citação se faz necessária, uma vez que podemos aplicar o modelo de Sansone na questão específica do futebol que aqui discutimos. Imediatamente podemos perceber que a história do futebol brasileiro pode ser lida como um processo em que esse domínio passa de uma área *dura* de relações raciais a uma área *mole*. A dobradiça entre esses dois momentos parece ser, justamente, a instauração do profissionalismo na década de 30. Com efeito, as mudanças nas condições de exercício do futebol após o profissionalismo beneficiaram imediatamente os setores economica e socialmente desfavorecidos, na medida que ao mesmo tempo permitiram maior igualdade de acesso aos meios necessários ao bom desempenho esportivo, e funcionaram como porta de ingresso à economia formal (isto é, o futebol constituiu-se num espaço onde esses setores de população podiam almejar um emprego que não necessitasse de longos períodos de aperfeiçoamento pessoal, anos de educação formal, etc.). A princípio – não devemos esquecer que a introdução do futebol no Brasil deu-se pouquíssimo tempo após a abolição –, a presença dos negros no esporte suscitava desconfiança e mesmo repúdio. Foi um momento da história da sociedade brasileira em que brancos e negros vivenciavam uma situação em que podiam competir abertamente em algum domínio da vida social, colocar efetivamente à prova suas "qualidades raciais": os ex-escravos e os ex-senhores iriam medir forças no campo de futebol em condições de (parcial) igualdade.

Nesse sentido, a lógica do amadorismo não pode ser completamente abstraída do ambiente ideológico e do contexto cultural em que estava absorvido. A defesa do amadorismo – explícita ou implicitamente – era a defesa de um futebol não-negro, fechado às classes populares, circunscrito às elites urbanas. O fato de que, eventualmente, alguns jogadores negros penetrassem nesse "espaço defendido" não invalida o quadro geral de fechamento. Sem o profissionalismo não haveria meios pelos quais os extratos socioeconômicos inferiores pudessem fornecer sistematicamente jogadores de futebol com o devido preparo atlético para competir em torneios oficiais, organizados pelas ligas. Podemos perceber isso através da comparação do futebol com outros esportes que não se profissionalizaram ou o fizeram tardiamente no Brasil, como o basquete, o volei, o tênis, os esportes aquáticos, etc. Todos esses, que mantiveram uma estrutura amadorística (ou no máximo semiprofissional), são esportes em que a penetração de negros e indivíduos de setores socioeconômicos mais baixos não se efetivou. Nesta perspectiva, parece coerente sustentar a ideia de que no futebol ocorreu um processo de "democratização", entendido nas duas primeiras acepções que mencionamos acima, mesmo tendo claro em mente que esta só atingiu uma pequena parte da população negra.

A questão é que, paralelamente a esse conjunto de fenômenos e modificações que se desenrolavam no universo futebolístico, assistíamos ao início da penetração do pensamento nacionalista e integracionista do período do Estado Novo e que se fazia acompanhar pelas novas formulações eruditas ou acadêmicas sobre a sociedade brasileira. Aqui o papel de Gilberto Freyre e também de alguns setores do movimento modernista em geral, foram, decerto, fundamentais.

O fato é que o futebol torna-se nessa fase um espaço atravessado por feixes de interesses, discursos e processos simultâneos: é ao mesmo tempo um dos únicos domínios[10] de que negros e mulatos dispõem para ingressarem no sistema econômico brasileiro; matéria prima de um discurso de integração nacional; e objeto de massificação e popularização. Não resta dúvida que todos esses fatores se encontraram no futebol a partir da década de 30 e serviram, de vários modos, para torná-lo o "esporte nacional".

Esse processo não foi uma "invenção literária" de Mario Filho ou da intelectualidade brasileira. O que foi inventado, se assim podemos denominar, foi justamente a terceira acepção que demos ao termo "democratização": ou seja, a ideia de que o processo era resultado de uma *democracia racial*, da ideia da mistura de raças como valor. Fica claro portanto que esse processo de "democratização" se fez acompanhar de uma ideologia racista, só que "envelopada" num conjunto de representações positivas da negritude e da mestiçagem. Aqui chegamos a um ponto importante e mais uma vez o modelo de Sansone vem a calhar. Pois é a partir dessa última construção que podemos entender uma outra passagem, que é a caracterização do futebol não só como área *mole*, mas como área "de cultura negra" – posição que muitos cientistas sociais defendem e sobre a qual a crítica de Soares é pertinente. A questão é que nesse aspecto sua crítica não foi seletiva e ele acaba dando a entender que todos os "novos narradores" aceitam tal caracterização.

A definição de uma área como "de cultura negra" nos parece problemática podendo mesmo ser vista como uma faca de dois gumes. Pois se por um lado esses "espaços negros explícitos" se constituem em foco de valorização do capital simbólico dos indivíduos negros (no qual ser negro pode ser vantajoso), possibilitando a construção de uma identidade cultural específica e de uma autoestima necessária; por outro eles são muito permeáveis a essencializações raciais que acabam circunscrevendo os negros a esses domínios, com base em argumentos que apelam para "aptidões naturais"[11]. Assim não é raro escutar argumentos assegurando que os negros são bem sucedidos em domínios como música (blocos afros, batucada, terreiros e capoeira) e esporte (futebol, por exemplo), devido a determinados atributos raciais específicos. A passagem de especificidades culturais (produto da história) para essencializações raciais (inscritas na natureza das coisas e do mundo) é um passo muito curto ao qual devemos estar sempre atentos.

A Construção da Identidade Nacional

Finalmente, devemos ainda abordar um último ponto. Em vários momentos o texto de Soares dá a entender que, uma vez que as especificidades do futebol brasileiro foram uma "invenção" do discurso nacionalista, podemos chegar ao ponto de dizer que essas especificidades não existem. É fundamental, como faz Soares, perceber que a identidade nacional é uma construção que o discurso intelectual oficial, o discurso do estado-nação, "essencializa". Porém, o fato de que essa identidade é ou pode ser uma invenção que tem o estado-nação por trás, não suprime o fato de que ela é "real" depois que instaurada, que ela tem uma eficácia. Herzfeld (1985, 1997), por exemplo, vem demonstrando como os discursos de identidade nacional e etnicidade podem ser extremamente convincentes, servindo de base para toda uma série de manipulações e legitimações retóricas pelos diversos grupos sociais envolvidos. O futebol – e a Copa do Mundo é um momento em que isso é realçado ao máximo – é um veículo poderoso de expressão dessas identidades nacionais (mesmo que construídas). Foi possível perceber isso na forma como França e Croácia na Copa de 98, por exemplo, transformaram suas conquistas no campo de jogo em símbolos de unidade étnica e nacional. Afinal, para nós brasileiros isso não é nenhuma novidade.

A trajetória do negro no futebol brasileiro tal qual contada por Mário Filho assemelha-se com a saga clássica do herói (Campbell 1995), pois fala de segregação em um momento (alguma coisa que lhe foi usurpada), resistência em outro (superação de obstáculos aparentemente intransponíveis) e vitória e conquista mais adiante (concessão de dádivas aos seus semelhantes). Esta é uma história que gostamos de ouvir sobre nós mesmos. E aqui cabe uma questão: por que hoje gostamos de ouvi-la já que houve época em que só uma minoria gostava dessa história que mais tarde tornou-se "oficial"? Talvez possamos invocar aqui a antropologia, disciplina que nos ensina que as culturas tendem a celebrar aquilo que as diferencia das demais, aquilo que as singulariza aos olhos dos outros e de si mesma (Turner, 1982). De certa forma, o Brasil é visto no exterior e aos próprios olhos de seus habitantes como o país do futebol, do samba e do carnaval (Matta, 1977). Falando especificamente do futebol, a "versão oficial" da trajetória do negro neste esporte tal qual narrada por Mário Filho, isto é, dentro da moldura integracionista da democracia racial brasileira, não estaria revelando alguma coisa do sentimento de ser brasileiro? Não seria interessante procurar investigar por que o mito da democracia racial, da mistura como valor, tem uma eficácia tão grande? Quanto a isso, vale mencionar a passagem de Sheriff (1993 apud Hasenbalg 1996:243-244):

> *"A democracia racial é certamente um mito, mas é também um sonho em que a maioria dos brasileiros de todas as cores e classes sociais deseja acreditar com paixão. Enquanto ele obviamente permite uma tremenda hipocrisia e ofusca a realidade do racismo, o mito da democracia racial é também um discurso moral que afirma que o racismo é nocivo, desnatural e contrário à brasilidade. [...] Ao mesmo tempo em que o mito nega [aos negros] a realidade de sua própria opressão, também lhes dá a certeza de sua igualdade inerente, fundamental, e lembra a seu opressor como se deve comportar um bom brasileiro. O conceito de democracia racial, como mito e como sonho, parece operar como uma totalidade [...] Como tal os afro-brasileiros não podem aceitá-lo totalmente nem rejeitá-lo totalmente. Eles ficam aprisionados entre a esperança e o silêncio, entre a resistência e a resignação."*

Restaria perguntar ainda se todas histórias oficiais sobre formação de identidades nacionais não seriam, de fato, construções que, mesmo que incentivadas por uma elite, só fazem sentido, só se tornam oficiais, quando "colam" com os anseios da população, isto é, quando são simultaneamente *mito* e *sonho*. Ou seja, não existiria uma relação dialética entre elite (discurso erudito) e povo (discurso popular)? O que percebemos, enfim, é que essas essencializações, das quais a construção de uma identidade nacional faz parte, são eficazes, possuem "materialidade", mesmo sendo simbólicas; ou seja, produzem um resultado prático no imaginário coletivo: soldados morrem nos campos de batalha defendendo a bandeira de seus países, guerrilheiros matam em nome da legitimação de sua "etnicidade".

Neste sentido, podemos continuar especulando sobre a "construção" de um estilo brasileiro de jogar futebol, já que a crítica de Soares aos "novos narradores" parece querer abolir a existência de um certo modo de jogar (ou de uma certa performance) considerado como tipicamente brasileiro. Como já foi apontado por Gordon (1996) esse estilo foi em diversas circunstâncias, adversas ou bem sucedidas, "lido" a partir de um idioma "racialista", em outras palavras, essencializado. Soares concorda com essa posição, mas parece extrapolá-la, deixando entrever que esse estilo seja apenas um "mito" construído sobre bases racistas.

No entanto, percebe-se um determinado estilo, observado pelos agentes do universo futebolístico, incluindo aí a imprensa nacional e internacional. Este estilo privilegiaria o drible, o toque de bola, o improviso e a criatividade e ficou sendo denominado "futebol-arte" em contraste com um estilo que privilegia a força física e a aplicação tática, o chamado "futebol-força", praticado, em sua maioria, pelos clubes europeus. Esta distinção é "real" no imaginário coletivo do universo futebolístico. Não é à toa que a discussão entre "arte" e "força" ganha uma dimensão maior aqui no Brasil[12]. Podemos até criticar que esse estilo brasileiro seja explicado em termos racistas ou ainda culturais ("de cultura negra"). Mas daí a negar sua existência existe uma diferença. Uma dissolução radical acaba produzindo um vácuo que deixa escapar um ponto interessante que é, afinal, a percepção por parte de todos os atores sociais envolvidos da existência de determinados estilos particulares de se jogar futebol (as chamadas "escolas") e que esses estilos são de alguma maneira patrimônio cultural das nações que os manifestam nos campos de futebol (Helal 1990 e 1997). Negar esse aspecto é, em última instância, negar as especificidades culturais. Por mais que possamos criticar o atual conceito antropológico de cultura (por ter sido concebido de modo reificado, essencializado, quase tanto quanto o conceito de raça) tal crítica não pode, evidentemente, ser levada a ponto extremo de negar de modo absoluto que os diferentes grupos sociais lograram desenvolver determinadas especificidades morais, estéticas, filosóficas, enfim, culturais que os singularizam e os distinguem entre si.

Conclusão

Acreditamos que o trabalho de Soares pode ser visto, na verdade, como um acoplamento desigual de duas teses, núcleo e coda de seu trabalho. A primeira se constitui na análise da obra de Mário Filho, cujo objetivo, brilhantemente alcançado, é mostrar que ela contém um "projeto de nação" e que isso introduz um determinado *bias* em o NFB que não pode ser desconsiderado por quem quer que se debruce sobre ele. A segunda afirma que por causa disso, tudo que nele se diz ou todas as análises que lançam mão de seus dados como "história" são necessariamente desacertadas ou falsas, isto é, mitos que em nada contribuem para o "conhecimento científico"[13].

Ora, se a primeira tese é interessante pois apresenta uma desconfiança salutar e crítica sobre as tradições acadêmicas que muitas vezes reificam-se ao infinito; a segunda nos parece problemática, na medida que ganha corpo e passa ao primeiro plano, dominando a cena do trabalho. Da constatação de que há um projeto de nação embutido no texto de Mário Filho que serve de moldura narrativa para a criação do livro, Soares tira implicações com as quais não concordamos. Mesmo que, no íntimo o autor não dê o crédito suficiente ao radicalismo que acaba emergindo a partir da constatação da primeira tese, toda sua economia argumentativa conduz o leitor para sua segunda tese, em que espreitam algumas conclusões perigosas que tentamos debater ao longo deste artigo. Essas seriam: 1) a recusa de tratar o NFB historiograficamente; 2) a negação da predominância de um idioma racial no decorrer da história do futebol brasileiro, que Soares substitui pela questão do amadorismo x profissionalismo; 3) uma dúvida quanto à existência de um processo de relaxamento das tensões raciais no interior do universo futebolístico (o futebol passando de área "dura" para área "mole" de relação racial) ; 4) a desconsideração da importância heurística da ideologia da identidade nacional, que Soares relega a uma "simples construção" da intelectualidade do Estado Novo, sem retirar daí questões que poderiam ser interessantes, por exemplo, como essa simbologia se atualiza na prática, como ela pode ser acionada em determinados contextos e mesmo "assumida" pelos agentes, etc. Portanto, se podemos sem dúvida louvar a primeira tese de Soares, não podemos subscrever as implicações da segunda.

Finalmente, esperamos que com este trabalho estejamos dando uma contribuição ao debate sociológico sobre esse domínio cultural tão importante que é o futebol, e ao mesmo tempo aprofundando uma via de diálogo que só poderá mostrar-se fecunda.

Referências Bibliográficas

AZEVEDO, Celia M. M. de. *Onda Negra, Medo Branco.* Rio de Janeiro: Paz e Terra, 1987.

BOURDIEU, Pierre. "Le champ scientifique". *Actes de la Recherche en Sciences Sociales*, 2/3: 88-104, 1976.

CAMPBELL, Joseph. *O Herói de Mil Faces.* São Paulo, Cultrix, 1995.

DARNTON, Robert. [1984]. *O Grande Massacre de Gatos, e outros episódios da história cultural francesa.* 2ª edição. Rio de Janeiro: Graal, 1988.

DAMATTA, Roberto. *Relativizando: uma introdução à antropologia social.* Rio de Janeiro: Rocco, 1987.

_____. *Ensaios de Antropologia Estrutural.* Petrópolis: Vozes, 1977.

FERNANDES, Florestan. *A Integração do Negro na Sociedade de Classes.* 2 vols. São Paulo: Dominus/Editora da USP, 1965.

_____. *O Negro no Mundo dos Brancos*. São Paulo: Dif. Europeia do Livro, 1972.

FERNANDES, F & BASTIDE, R. *Brancos e Negros em São Paulo*. São Paulo: Companhia Editora Nacional, 1959.

FREYRE, Gilberto. [1933]. *Casa Grande & Senzala*. 11ª edição. Rio de Janeiro: José Olympio, 1964.

GORDON JR., César C. "História Social dos Negros no Futebol Brasileiro". *Pesquisa de Campo/Revista do Núcleo de Sociologia do Futebol*/UERJ. Rio de Janeiro. 2: 71-90, 1995.

_____. 'Eu já fui preto e sei o que é isso', História Social dos Negros no Futebol Brasileiro: segundo tempo". *Pesquisa de Campo/Revista do Núcleo de Sociologia do Futebol/UERJ*. Rio de Janeiro. 3/4: 65-78, 1996.

HASENBALG, Carlos. "Entre o mito e os fatos: racismo e relações raciais no Brasil". In: M. Chor Maio & R. Ventura Santos (orgs.), *Raça, Ciência e Sociedade*. Rio de Janeiro: Editora Fiocruz. 235-249, 1996.

HELAL, Ronaldo. *Passes e Impasses: futebol e cultura de massa no Brasil*. Petrópolis: Vozes, 1997.

_____. *O Que É Sociologia do Esporte*. São Paulo: Brasiliense, 1990.

HERZFELD, Michael. *Cultural Intimacy: social poetics in the Nation-State*. New York & London: Routledge, 1997.

_____. "Lévi-Strauss in the nation state". *Journal of American Folklore*, 98(388):191-208, 1985

IANNI, Otávio. *As Metamorfoses do Escravo*. São Paulo: Difusão Europeia do Livro, 1962.

LE GOFF, Jacques. [1978]. *A História Nova*. São Paulo: Martins Fontes, 1990.

LEITE LOPES, José S. "A vitória do futebol que incorporou a Pelada". *Revista da USP, Dossiê Futebol*. São Paulo, 22 (jun, jul, ago): 64-83, 1994.

LÉVI-STRAUSS, Claude. [1955]. "A estrutura dos mitos". In: *Antropologia Estrutural*. 3ª edição. Rio de Janeiro: Tempo Brasileiro. 237-265, 1989.

MURAD, Maurício. "Corpo, Magia e Alienação – o negro no futebol brasileiro: por uma interpretação sociológica do corpo como representação social". *Pesquisa de Campo/Revista do Núcleo de Sociologia do Futebol/ UERJ*. Rio de Janeiro, 0: 71 – 78, 1994 (b).

_____. "Futebol e Violência no Brasil". *Pesquisa de Campo/Revista do Núcleo de Sociologia do Futebol/UERJ*. Rio de Janeiro, 3/4: 89-103, 1996.

PIERSON, Donald. *Negroes in Brazil*. Chicago: The University of Chicago Press, 1942.

QUEIROZ, Maria Isaura Pereira.. "Relatos Orais: do 'indizível' ao 'dizível'". In: Olga de Moraes Von Simon (org.), *Experimentos com História de Vida (Itália-Brasil)*. São Paulo: Edições Vértice. 14-43, 1988.

SANSONE, Livio. "As relações raciais em Casa Grande & Senzala revissitadas à luz do processo de internacionalização e globalização". In: M. Chor Maio & R. Ventura Santos (orgs.), *Raça, Ciência e Sociedade*. Rio de Janeiro: Editora Fiocruz. 207-217, 1996.

SEYFERTH, Giralda. "Construindo a nação: hierarquias raciais e o papel do racismo na política de imigração e colonização". In: M. Chor Maio & R. Ventura Santos (orgs.), *Raça, Ciência e Sociedade*. Rio de Janeiro: Editora Fiocruz. 41-58, 1996.

_____. "Os paradoxos da miscigenação". *Estudos Afro-Asiáticos,* 20:165-185, 1991.

_____. "A antropologia e a teoria do branqueamento da raça no Brasil". *Revista do Museu Paulista*, n.s. XXX: 1985.

SKIDMORE, Thomas E. [1974]. *Preto no Branco: raça e nacionalidade no pensamento brasileiro*. Rio de Janeiro: Paz e Terra, 1976.

SOARES, Antonio. J. G. *Futebol raça e nacionalidade no Brasil.- releitura da história oficial*. Rio de Janeiro, 1998. Tese (Doutorado em Educação Física) – Programa de Pós-graduação em Educação Física, Universidade Gama Filho, 1998.

THOMPSON, Paul. *The Voice of the Past: oral history*. Oxford: Oxford University Press, 1978.

TURNER, Victor. "Introduction". In: *Celebration: studies in festivity and ritual*. Washington D.C.: Smithsonian Institution Press. 11-30, 1982.

VANSINA, Jan.. *Oral Tradition as History*. London: James Currey, 1985.

VIANNA, Fernando de L. B.. Índios e futebol no Brasil: uma proposta de pesquisa num campo inexplorado. Projeto de pesquisa de mestrado. Programa de Pós-graduação em Antropologia Social-USP, 1997.

VIANNA, Hermano. *O mistério do samba*. Rio de Janeiro: Zahar, 1995.

[1] Ressaltemos que um dos autores deste artigo participou da banca examinadora da tese de doutorado de Soares e o outro foi objeto de análise do pesquisador.

[2] Na realidade, as preocupações de Mário Filho limitavam-se às relações entre negros e brancos, uma vez que a população indígena manteve-se à margem do processo de urbanização e modernização da sociedade brasileira. Sobre a ausência da figura do índio no imaginário do futebol, ver Vianna 1997.

[3] Recordemos a crítica desses autores à noção de "fato histórico" objetivo, cuja realidade poderia ser recebida prontamente pelo historiador. Ao contrário, procuraram demonstrar como os dados históricos são produtos da construção do pesquisador e, daí, promoveram toda uma relativização dos documentos históricos. Com eles aprendemos que todo relato histórico é construção e não "descrição objetiva". Com a Escola dos Annales, aprendemos também que a história se baseia numa multiplicidade de documentos: "escritos de todos os tipos, documentos figurados, documentos orais, escavações arqueológicas, [...] uma curva de preços, uma fotografia, um filme, [...] uma ferramenta, um ex-voto." Ver Le Goff, 1978:26-57.

[4] A questão de saber se o racismo seria *secundário* nos parece problemática. Afinal, se o foco dos trabalhos está em recuperar a presença dos negros na sociedade brasileira, caberia perguntar "*para quem o racismo seria secundário*?" Certamente não para os agentes ou sujeitos negros dessas tramas. Não devemos mais advogar por explicações monovalentes da história. É preciso entender que a história tem múltiplos sujeitos.

[5] Que em muitas passagens de sua tese são tratados em bloco, como massa uniforme, a despeito do próprio autor tê-los classificados em dois tipos.

[6] Mesmo que parte de seu texto dê a impressão do contrário, Soares poderia argumentar que não pretendeu negar a existência do racismo no futebol, já que em uma passagem escreve: "Não se está dizendo, contudo, que não existe ou não existiu racismo no espaço do futebol ou em nossa sociedade. Parece sensato pensar que numa sociedade de passado escravocrata as relações raciais não são tão harmônicas nem estão pautadas pelo princípio da igualdade e do reconhecimento das diferenças (1998:206). No entanto, seu argumento é ambíguo, pois no mesmo parágrafo adiciona: "[...] Contudo, no nível ideológico da sociedade, o reconhecimento da mistura racial como fato, e talvez como valor, é evidente" (1998:206). A conjunção adversativa ("contudo") parece indicar que a segunda proposição de alguma forma se contrapõe à primeira. Assim, nos parece que Soares quis transmitir a ideia de que o reconhecimento da mistura racial como valor compensa e, de algum modo, anula o racismo. Essa afirmação, ainda que sem a intenção, acaba dando a entender que Soares, ele próprio, acredita no mito da democracia racial, pois o trecho desconsidera que o reconhecimento ideológico da mistura racial não como fato (uma vez que este é empiricamente observado), mas como *valor* é, justamente, uma construção simbólica fundada em pressupostos racistas! Do

ponto de vista puramente sociológico, a mistura de raças não pode ser considerada nem boa nem má. Se se lhe atribui determinado valor é porque acredita-se que as raças, enquanto tais, carregam alguns atributos ou "essências". A mistura racial enquanto valor é, portanto, uma essencialização racista.

[7] Isso pode ser facilmente notado através de algumas expressões idiomáticas de uso generalizado: "coisa de crioulo", "coisa de preto", "preto quando não suja na entrada, suja na saída", etc.

[8] Mais uma vez, vale repetir que reflexos eram esses. A desvalorização dos traços fenotípicos negroides (cor da pele, tipo de cabelo, nariz, lábios, etc.), das potencialidades cognitivas e intelectuais (burrice, desatenção, falta de concentração, incapacidade de aprendizagem, etc.) e finalmente de atributos morais imputados aos negros (instabilidade emocional, irracionalismo, impulsividade, tibieza moral).

[9] Sobre o conceito de capital simbólico ou social, ver Bourdieu 1976.

[10] Ao lado da música popular e do samba que parecem ter tido um desenvolvimento histórico bastante semelhante. (Ver Vianna, H. 1995).

[11] Hasenbalg (1997:243) lembra que muitas vezes "a legitimação e mesmo a cooptação [por parte do Estado] da cultura negra e seus símbolos não é acompanhada de uma mudança significativa na posição relativa dos segmentos negro e mestiço da população na estrutura social do Brasil". "A integração simbólica do negro via cultura [nós acrescentaríamos: e via raça] pode caminhar e caminhou *pari passu* à sua subordinação e exclusão social." (Hasenbalg id:ibid.).

[12] Na Copa do Mundo de 1994, o Brasil adotou um estilo de jogo denominado "futebol de resultados", que acirrou ainda mais a polêmica entre "arte x força", com parte considerável da mídia e dos torcedores rejeitando esse estilo e elegendo Romário como o jogador que mais encarnava a forma "tradicional" do futebol brasileiro.

[13] Reconheceríamos que as análises da obra de Mário Filho podem ser vistas como "mito" apenas se tivermos em mente as observações de Lévi-Strauss (1955), para quem toda exegese constitui-se em uma outra versão ou "transformação" do mito analisado. No entanto, não é esse o argumento de Soares.

SAUDOSO FUTEBOL, FUTEBOL QUERIDO: A IDEOLOGIA DA DENÚNCIA*

Hugo Lovisolo

Introdução

É bem possível que o esporte moderno não existisse se os jornais e os jornalistas o tivessem ignorado. As notícias e as matérias dos jornalistas sobre os esportes foram e são elementos constitutivos do jornalismo e do esporte moderno. Jornais, rádio, noticiários para cinemas, televisão e o próprio cinema, com rosário de filmes que focalizam os esportes, os esportistas e os torcedores, foram parceiros dos esportes ao longo dos últimos cem anos.[1] Se consideramos a história do esporte moderno nos meios de comunicação, vemos que rapidamente passou-se da notícia isolada à página esportiva e desta aos jornais e revistas especializadas em esportes em geral ou particulares. Em qualquer banca de jornal podemos encontrar várias dúzias de revistas dedicadas aos esportes e, não raro, várias ao mesmo esporte. Os significados, por certo que heterogêneos, do esporte moderno, estão embebidos das elaborações dos jornalistas esportivos e dos literatos que o tomaram por objeto.[2] Crenças e ideologias não esportivas, sociais e políticas, dominantemente, marcam com suas interpretações a produção jornalística e literária sobre os esportes. Os que amam os esportes deveriam contribuir para preservar a memó-

*Este artigo foi originalmente publicado na Revista Logos, n° 10, Faculdade de Comunicação Social/UERJ, 1999.

ria dos jornalistas esportivos, ao lado de seus atletas queridos e das façanhas de seus times, clubes ou países. Eduardo Galeano deverá ser incorporado à galeria de reconhecimento dos amantes do futebol.

Para os pesquisadores em história e sociologia dos esportes, o jornalismo esportivo foi e ainda é uma importante base de dados e de interpretações. As ciências sociais e históricas encontram no jornalismo uma fonte insubstituível de conhecimento empírico e compreensão de processos. Contudo, a história e a sociologia dos esportes não podem apenas se reduzir a dizer em linguagem sociológica, geralmente pouco transparente e vibrante, o dito pelos jornalistas naquela linguagem que é dirigida à emoção e imaginação dos amantes dos esportes, atletas e torcedores. Devemos reconhecer que a tradução é menos valiosa que o original na maioria dos casos, além de que as ciências sociais não devem nem podem confundir-se com jornalismo ou literatura. Uma das fontes da "crise" das ciências sociais talvez esteja em que se produzem muitos trabalhos de difícil distinção das matérias jornalísticas.

Soares (1998) destacou alguns problemas derivados da utilização da importantíssima obra de Mário Filho e sua influência na reiteração de interpretações que, segundo ele, seriam altamente discutíveis sob o ponto de vista empírico.[3] Reconheçamos abertamente que o esporte brasileiro e o futebol em particular têm uma poderosa dívida com Mário Filho. A leitura de Soares da obra de Mário Filho, ***O Negro no futebol brasileiro***, a clarifica como romance onde o herói, os jogadores negros, supera os obstáculos para conseguir seu lugar no futebol, bem ao estilo da estrutura dos contos folclóricos descritos por Vladimir Propp. Contudo, o principal efeito, destacado por Soares, de tornar uma obra jornalística em manancial indiscutível de "dados" e fonte quase única de referência, é o de distanciar os pesquisadores da utilização de fontes primárias e, portanto, das possibilidades de novas interpretações, criando um espiral de reiteração do já dito. Em outras palavras, cita-se e repete-se Mário Filho com baixíssima inovação fatual e interpretativa, apenas colaborando na reiteração e solidificação da invenção da tradição por ele realizada.[4] A mensagem de Soares pode ser entendida como generosa incitação à pesquisa, como desafio a historiadores e analistas do fenômeno esportivo, para gerar dados mais sólidos e interpretações que relatem com maior fidedignidade as tramas dos processos históricos. Seria absolutamente falso considerar suas hipóteses como ataque ou diminuição da figura de Mário Filho, uma poderosa onda de promoção do esporte e do jornalismo esportivo.

Futebol a sol y sombra

Em 1995, um conhecido jornalista e ensaísta latino-americano, Eduardo Galeano, publicou ***El futebol a sol y sombra***. O título sugere, ao possível leitor, que será narrado o que se vê e o que não se vê, sendo o oculto o que será iluminado ou denunciado na obra. Denunciar o oculto, o que alguns não querem que seja sabido, é uma nobre tarefa dos jornalistas. Lendo a orelha do livro, o leitor confirma que sua intuição funcionou corretamente, pois o caráter de denúncia é nela assumido.

É raro encontrar jovens progressistas que não conheçam Galeano, especialmente pela amplidão do impacto de sua obra ***As veias abertas da América Latina,*** que foi uma referência central de denúncia política. Assim, pelo possível impacto, o comentário crítico sobre sua obra é quase uma necessidade de proteção disciplinar da história e sociologia do futebol. Mais ainda quando consideramos que ***As veias abertas da América Latina*** não raro figura como livro de texto em disciplinas universitárias. Galeano é visto, por muitos, como historiador ou sociólogo da exploração imperialista e da dependência. Na verdade, Galeano é um dos melhores representantes do ponto de vista ou ideologia dos vitimizados. Segundo este ponto de vista, as mazelas pessoais e sociais são sempre responsabilidade dos outros e o vitimizado é um ser puro ao qual se devem reparações. O vitimizado jamais partilha de responsabilidades de nenhum tipo pela sua situação de vítima.

Em sua obra sobre o futebol, Galeano opera em dois planos: o primeiro e mais óbvio é o da narração de "causos" ou estórias do futebol que emocionam o leitor. O segundo, é o da transmissão de um conjunto de crenças ou teorizações que são ainda moeda corrente nos campos progressistas de interpretação do futebol. Ambos, em conjunto, pretendem criar um efeito de denúncia ideológica, dizer-nos o que está podre no reino do futebol e deixar entrever quanto maravilhoso ele seria se as causas da podridão fossem eliminadas. O jornalista que informa ou denúncia se torna, portanto, analista social e visionário que declara que o futebol, seus profissionais e talvez os torcedores são vitimizados pelo capital, pelo dinheiro, pela ânsia de lucros. O futebol está cada vez pior, os profissionais porque estão amarrados a um destino trágico e os torcedores por ilusão ou desconhecimento das sombras. O sol para Galeano é o jogo puro e sem vinculações com o dinheiro, a sombra, a decadência crescente provocada pelo dinheiro.

Pretendo sistematizar e criticar os núcleos das crenças mais correntes e reiteradas — associadas a posições progressistas ou de esquerda, sempre animadas pela vontade da denúncia ideológica — que aparecem na sua obra e salientar algumas vias possíveis de interpretação alternativa.[5] As crenças transmitidas de geração a geração são de difícil remoção ainda que se demonstrem equivocadas, isto é, preconceitos. O preconceito se instala quando a crença perdeu suas razões, mas se sustenta num processo circular de repetição que, geralmente, envolve a reiteração da própria emoção que suscita o rememorar e falar sobre a crença. Para modificar uma crença, transformada em preconceito, é necessário muito trabalho. Não são uma ou duas provas empíricas que levam a sua rejeição ou abandono. Faz-se necessário criar argumentações que possibilitem lentamente a modificação do preconceito que, habitualmente, significa reformular principalmente ancoradouros emocionais.[6]

Saudosismo, infantilização e vitimização

O saudosismo é um elemento presente na crítica do futebol dito moderno, comercial, espetáculo ou indústria do futebol e é localizável já em escritos produzidos no século passado. Há um coro de vozes que afirmam que o futebol do passado era superior, melhor, mais futebol. Nas versões menos elaboradas, o futebol do passado era melhor porque original, primeiro, sua evolução ou história apenas testemunharia sua decadência. O saudosista adere ao mito de que as coisas são puras e plenas quando nascem, depois começa o deterioro. O tempo passado sempre é o melhor, o saudosista sofre de desencanto do presente. Para as vozes mais elaboradas, esse passado — que sempre é possível de ser recuado ou infinitamente regredido, como foi demonstrado para o caso da vida simples e pura do campo na literatura inglesa por Raymond Willians[7], o futebol foi mais puro e simples e, sobretudo, vinculado ao prazer de se jogar pelo prazer de jogar. Na origem não havia dinheiro, nem juizes, nem relógios e nem regras. [8]

O "jogo pelo jogo" foi destacado por Huizinga como elemento central de sua definição do jogo.[9] Deixaria de ser jogo, se corromperia, quando sujeito ao mundo das utilidades de prestígio, poder e dinheiro. Os exemplos privilegiados por Huizinga, de jogo, retomados e repetidos por Galeano, serão os dos animais e das crianças pequenas que brincam. Assim, para fundamentar a pureza e o prazer do jogo, seu autocentramiento, se recorre a duas figuras pré-sociais ou culturais: a do animal, que não é social, e a da criança em processo de socialização.[10] Ou seja, o fundamento do jogo, um complexo de relações sociais, é uma situação que poderíamos caracterizar como não social e, com palavras mais duras, como infantilização do jogo: o modo de jogar e de ser da criança se torna paradigma universal.[11]

Observemos como Galeano reitera a nostalgia de um momento não social, criança e gato, sem consciência, sem motivo, sem relógio e sem juiz:

> *"jogando como joga a criança com o balão ou como joga o gato com o novelo de lã: dançarino que dança com uma pelota leve como o globo que vai ao ar e o novelo que roda, jogando sem saber que joga, sem motivo e sem relógio e sem juiz".*

Claramente Galeano opera com um ideal de jogo não social, não histórico e ontológico que conduz a uma espécie de fantasia de escapismo do mundo em que vivemos, e, especialmente, opera com um modelo infantil: seu adulto ideal é o que joga como criança. Ou seja, o adulto apenas joga quando se conduz como criança. Com esse modelo de referência qualquer consciência, motivo, responsabilidade, regra ou juiz é uma queda ou declínio do jogo.[12] Salientemos, apenas, que o modelo escolhido parecer ser muito mais romântico e conservador do que iluminista e progressista e mais ligado a uma visão paradisíaca que terrena.

> *"A história do futebol é uma triste viagem do prazer ao dever. À medida que o esporte se fez indústria, foi-se desterrando a beleza que nasce da alegria de jogar porque sim. Neste mundo de final de século, o futebol profissional condena o que é inútil, e é inútil o que não é rentável" (2)*

Galeano argumenta com palavras cujos conteúdos podem ser tremendamente variados e de alto impacto emotivo. Observemos: "foi-se desterrando a beleza que nasce da alegria de jogar porque sim". Galeano parece defender uma teoria pura da beleza segundo a qual a beleza surge do não motivado, do "porque sim". Podemos então supor que o quadro ou a música composta como loa ao Senhor não tem beleza, porque tem motivo, não resulta do prazer de compor. Neste caso, por exemplo, que faríamos da obra de J.S. Bach? O gesto do herói que se sacrifica pelo grupo de pertencimento, como os atletas gregos, não teria beleza porque tem motivo? Se jogamos para ganhar o jogo não teríamos beleza, porque teríamos motivos de competição individual ou de reforçamento de pertencimento, locais ou nacionais? Galeano sente e declara que é uma decadência o fato dos jogadores profissionais serem tais, jogarem mediante um contrato de trabalho, uma de cujas principais cláusulas é o pagamento em dinheiro.

Se usarmos o modelo de Galeano em outras áreas, por exemplo na política, deveríamos reconhecer que pagar a nossos representantes acaba com a beleza da participação "porque sim". De fato, ela nunca foi "porque sim", os representantes sempre defenderam interesses, tiveram motivos e, talvez, nunca foi bela. O pagamento dos representantes convinha mais aos políticos sem fortuna, aos de abaixo, do que aos possuidores de fortunas que lhe permitiam realizar política a tempo completo se o considerassem necessário. Se aplicássemos seu critério, os verdadeiros escritores e jornalistas que produzem beleza seriam os que não recebem pela labor, portanto, Galeano não seria um verdadeiro escritor ou jornalista. Tudo isto soa falso e moralista. Falso porque, para um autor progressista como Galeano usar argumentos aristocráticos parece difícil que leve a algum "lugar progressista". Os aristocratas defenderam a ideia da arte pela arte, do esporte pelo esporte, como já foi amplamente demonstrado no caso bem conhecido do Barão de Coubertain. Moralista, porque assume sem crítica e generalizando o caráter demoníaco do dinheiro. Shakesperare, cuja glória é indiscutível, foi um profissional da escrita paga e um homem profundamente preocupado pelos seus ganhos e seus investimentos em bens imóveis (talvez porque naquela época ainda não se operava na bolsa). Os motivos de Shakespeare não diminuem sua obra. Evidentemente ele esteve preocupado pela utilidade de suas obras, ou seja, desejava que o público da praça, da corte ou do teatro gostasse e pagasse.[13] A bela jogada não é menos bela porque seu executante ganhe como profissional, nem o prazer do espectador nem do atleta diminui por isso.

Porque os motivos econômicos diminuiriam a qualidade do jogador de futebol e do jogo?

Galeano defende uma ideologia aristocrática para o futebol. O esporte foi bom quando os motivos profissionais, baseados em recompensas monetárias, não entravam no seu escopo. Essa crença já foi usada no campo da arte e da ciência tanto como no dos esportes e ela é falsa, nem a arte nem a ciência boa foi produzida somente por uma atitude não interessada em recompensas monetárias ou de prestígio e reconhecimento. Qualquer leitor da história do futebol, mesmo de trabalhos jornalísticos, sabe que a profissionalização foi um fator fundamental para a popularização do futebol, do basquetebol, do beisebol, do tênis e da maioria dos esportes. Sabe que a profissionalização resultou da pressão dos operários-jogadores das classes populares para igualar-se em condições, tempo de treinamento e descanso, por exemplo, com os praticantes dos times ou clubes aristocráticos. Contudo, a popularização não teria existido se não fosse pela aliança com o espetáculo: no estádio, no rádio, no noticiário, na televisão. Na construção do espetáculo, os jornalistas e radialistas participaram ativamente e são, então, também responsáveis. Galeano, como jornalista, deveria começar por uma crítica interna? Galeano ao invés de sentir-se vítima da comercialização do esporte deveria começar fazendo uma crítica da relação do jornalismo com o esporte. Tenho a impressão de que, antes dos capitalistas da indústria e dos serviços descobrirem que se podia ganhar dinheiro com o espetáculo esportivo, já os jornalistas e os jornais tinham realizado a descoberta e se beneficiavam dela e Galeano usufrui dessa tradição. Não considero equivocado que faça isso, mais caminha tão perto da dupla moral que conviria que refletisse um pouco mais sobre o assunto.

O paradoxo é que, se não fosse pela sua transformação em espetáculo, talvez Galeano nem gostasse do futebol. De fato, quando ele nasceu, lá pelos quarenta, o futebol já era espetáculo no Rio de la Plata. Galeano apenas pode ser produto rebelde do futebol espetáculo. O porque é simples. Galeano pertence à tradição ideológica ou partilha a crença de que o dinheiro corrompe e corrompe muito mais aquilo que se ama. Então, ele, amante do futebol, decide que o dinheiro corrompe o futebol. Poderia agregar que corrompe também as artes, as ciências, os meios de comunicação, a política, a vida familiar, enfim, a todos e tudo. Vivemos na lama da corrupção pelo dinheiro, somos vítimas de suas ciladas. A ladainha é bem conhecida e funciona como uma luva para os que se sentem vitimados e sem responsabilidade sobre a ordem das coisas. Os vitimados sempre formulam o discurso da pureza, eles são puros porque vítimas.

Os dados do cotidiano, no entanto, trabalham contra Galeano. De fato, os clubes pagam caro pelos grandes jogadores, que constituem sempre uma baixa proporção do total. São magnificamente pagos porque são grandes, porque têm um histórico de jogadas belas, inteligentes, criativas, enfim, porque fazem disparar os cavalos de nossa emoção de torcedores. Inútil, de fato, é o jogador que não contribui com a desandada dos cavalos da emoção. Não pagamos para ver esse tipo de jogador, pagamos, sim, para ver o jogador que em segundos realiza uma jogada genial. Galeano goza com essas jogadas e esses jogadores, como nós, e as relata no seu livro com vivacidade e admiração. Mas, sua vontade de se contrapor ao mundo comercial, capitalista, empresarial, o leva a inventar uma lógica que ele não tem: o futebol espetáculo, preocupado com os lucros, estaria destruindo a beleza do esporte.[14] Mais ainda, o leva a subentender que os torcedores ou espectadores são otários que não sabem de futebol e que pagariam por um espetáculo decadente, que não lhe satisfaz ou cuja lógica é contrária a suas motivações. O útil para o futebol espetáculo é o que gera lucros, para isso é necessário ter estádios cheios e telespectadores, assim os espaços publicitários se vendem a melhor preço. Apenas se pode conseguir isso fazendo jogos que satisfaçam aos que pagam. Então, o inútil é um jogo chato, sem emoções, enfim, o inútil é que abandonemos os estádios ou troquemos de canal.

Mas, Galeano, deve reforçar sua ideologia, muito pouco amarrada quando apenas fundada na vontade dos lucros, assim incorpora novos atores explicativos: a tecnocracia do esporte profissional:

> *"A tecnocracia do esporte profissional tem imposto um futebol de pura velocidade e muita força, que renuncia à alegria, à fantasia e proíbe a ousadia.*
>
> *Por sorte ainda aparece nos campos, embora muito de vez em quando, algum cara de pau maltrapilho que sai do libreto e comete o disparate de driblar a todo a equipe rival, ao juiz, e ao publico das arquibancadas, pelo puro gozo do corpo que se lança à proibida aventura da liberdade." (2)*[15]

O futebol que Galeano começou a ver nos anos cinquenta e sessenta, de criança e de jovem, já era um futebol com uma preparação atlética e técnica bastante desenvolvida. Boa parte das ações belas no futebol, que Galeano narra, são atribuídas a jogadores profissionais e treinados como Pelé, Maradona e Platini, para citar apenas três exemplos. Quando Galeano começou a gostar do futebol, este já contava com federações nacionais e internacionais, com motivos, regras, relógios e juizes, técnicos e treinadores e já movimentava recursos monetários significativos e as empresas o privilegiavam como meio publicitário. Assim, podemos perguntar: como surge sua admiração por um futebol que ele não viu? Surge, talvez, do relato dos mais velhos que sentem saudade da juventude de seu tempo e que, como consequência involuntária, a projetam no futebol que assistem para se emocionar sem esquecer de criticar? Ou surge de uma operação ideológica romântica que o impulsa a considerar o passado melhor na medida que ele é menos capitalista, menos comercial e menos espetáculo? Ou surge de um *apriori* populista que o leva a endeusar o futebol jogado na rua e que, por certo, nem pagamos para ver e apenas observamos de relance e por pouco tempo?

Mais ainda, porque razão um futebol que ganha em velocidade e força —ele diz, "pura velocidade e força"— deveria ser inferior a um futebol de menor velocidade e força. O adjetivo que Galeano usa, "pura", pretende, nos artifícios da linguagem, transmitir-nos que somente há isso, que não há outras coisas como fantasia, criatividade, imaginação. A velocidade e a força aparecem como a serpente tentadora do inferno, embora invertida, que impediria a alegria, a ousadia, a fantasia. Há ainda outra questão: Galeano valoriza a jogada individual, é dominado por uma estética individualística. Contudo, é bem possível que outros inclinem-se por valorizar a jogada rápida e combinada entre vários jogadores, o gol feito por vários. Esta última seria uma estética que valorizaria mais a ação de conjunto ou, se preferimos, mais socialista. É evidente que os esportes ganharam em velocidade e força. Não é evidente que por isso tenham perdido em alegria, ousadia e fantasia. Basquetebol, beisebol e tênis, por exemplo, são uma prova em contrário. Seria o futebol uma exceção?

A crítica de Galeano pretende se fundamentar no argumento de que a velocidade e a força dificultariam a emergência da jogada inesperada, inovadora, genial. Com velocidade e força, o espaço fica mais pequeno, a marcação mais dura, as jogadas mais estudadas e portanto melhor antecipadas. Assim, a vida do gênio, a produção da diferença, do ato criativo se torna mais difícil e, poderíamos agregar, portanto, mais significativo. Certo é que depois de Cervantes, Shakespeare e Joyce, tornou-se mais difícil fazer grandes obras literárias. Os escritores devem estudar mais, treinar mais, aperfeiçoar-se mais. Estas novas demandas de exigência parecem óbvias. Poeticamente Galeano sugere, sem dar nenhum exemplo, que seria o descarado maltrapilho quem por puro gozo do corpo se lança à proibida aventura da liberdade. Sua afirmação poética é, como corresponde, enigmática. Teremos que entender por nós mesmos. Eu proporia entender que a aventura da liberdade é seguir a própria intuição, razão ou emoção sem se sujeitar aos ditames do técnico. Seguir a vontade da aventura pode levar a dois resultados opostos: ao fracasso porque sai mal ou ao êxito. No primeiro caso, o técnico subirá pelas arquibancadas gritando; no segundo, pretenderá possivelmente compartilhar a criação ou explodirá em elogios e, o ato de criação pode ser incorporado ao estoque das formas que deveriam ser seguidas ou imitadas quando possível. Assim, o jogador para tentar a inovação deve estar mais treinado, mais seguro. Porém, nada impede que tente e de fato os bons jogadores, mesmo os de velocidade e força, o fazem.

Gould (1990) em ***Perdendo a forma***, um artigo brilhante, trabalha críticas semelhantes no caso do beisebol, especialmente o declínio do batedor de .400 ou, de modo mais geral, a queda nas médias de rebatidas ao longo do século.[16] Gould também aponta a tendência que temos de "chafuradarmos na nostalgia e uma tendência lúgubre para fazermos comparações desfavoráveis entre o presente e uma "era de ouro" passada". Gould, por formação um biólogo, não se contenta com meras opiniões, levanta dados estatísticos e formula uma hipótese a partir da biologia darwiniana. No seu contexto teórico, destaca que o processo evolucionário tem uma tendência para aparar e eliminar extremos, quando o sistema surge, tende a explorar todos os limites de possibilidades, no decorrer da flecha do tempo muitas variações não funcionam e a variação total diminui. A medida que os sistemas se regularizam a variação total decresce. O beisebol, para Gould, segundo os dados e análises estatísticas que realiza, resulta do fenômeno geral de uma crescente padronização de seus métodos que caracterizaria a qualquer sistema. Contudo, faz duas décadas atrás, a generalização dos jogos por facilidades de transporte e pela afluência dos dólares, teria que ter desestabilizado o sistema solidificado por mais de cinquenta anos e baseado em jogos locais ou regionais. Isso, no entanto, não ocorreu. Mais que isso, o beisebol tornou-se uma ciência que maximiza a velocidade, a força, a marcação e a antecipação. Como resultado geral, Gould entende que:

> *"o jogo alcançou uma graça e uma precisão de execução que teve como consequência a eliminação dos feitos extremos dos anos iniciais. Um jogo inigualado em estilo e detalhes tornou-se mais equilibrado e bonito".*

O futebol é hoje um jogo mais rápido, mais ágil, com maior resistência, velocidade e força. Muitos o consideram mais bonito, outros podem entender que perdeu emoção e qualidade. A avaliação encontrada dos torcedores é um dos elementos que fazem interessante ao esporte, monta-se um jogo discursivo sobre o jogo real, o esporte do debate sobre o jogo de futebol. Que os esportes podem entrar em sendas perdidas, e que a crítica pode fazer ir para trás na árvore das opções para revalorizar velhos ou antigos caminhos, parecem ser proposições bem defensáveis. Contudo, culpar o capitalismo por não ficarmos presos a uma imagem de um futebol que alguma vez existiu, parece uma falsa união entre nostalgia e crítica moralista do dinheiro com um estudado efeito de desencanto sobre o presente.

O mundo desencantador

Galeano faz um conjunto de jogadas nas quais transparece o desencanto. Tomemos como exemplo a que leva o nome O Jogador. Apresenta-nos o jogador como correndo pelo fio de uma navalha: de um lado os céus da glória, do outro os abismos da ruína. Situa o jogador como motivo de inveja por se ter salvado da fábrica ou do escritório, por ser pago para se divertir, por haver ganho a loteria. O tom de Galeano é irônico pois ele pretende mostrar o lado das sombras, os vizinhos do bairro apenas veriam o lado do sol.

> *Mas ele, que tinha começado a jogar por prazer de jogar, nas ruas de terra dos subúrbios, agora joga nos estadios pelo dever de trabalhar e tem a obrigação de ganhar ou ganhar (3).*

A estrutura argumentativa de Galeano poderia ser traduzida assim: *Mais ele, que tinha começado a fazer poemas por prazer, agora escreve pelo dever de trabalhar e tem a obrigação de fazer bons poemas ou fazer bons poemas que o público compre...Mais ele, que tinha começado desmontando e montando carrinhos de brinquedo por puro prazer, agora está obrigado a consertar eficientemente o carro de seus clientes...*Galeano continua operando, no desencanto, com a infantilização como modelo desejado e o sentimento de vitimização como base para seus argumentos. Assim, o jogador, o poeta e o mecânico seriam vítimas, pois não podem continuar fazendo as coisas como o faziam de criança. A responsabilidade profissional, ou o capitalismo, é o algoz que o obriga a ser adulto. Portanto, ele é vítima.

Galeano imagina. Galeano não pesquisa a opinião, os sentimentos dos jogadores. Ele sabe. Sabe porque seu esquema é tudo ou nada. Jogar mesmo com prazer apenas existe quando não há dever. O dever acaba o prazer. Diversos profissionais e diversos esportistas afirmariam que as coisas não são tudo ou nada, sol e sombra, luz e escuridão. Afirmariam que no exercício da profissão há momentos de sofrimentos e momentos de alegria e prazer. O desencanto de Galeano surge de sua vontade de que tudo seja sol, de que não haja sombra. Há uma dificuldade infantil em lidar com a sombra. Mais ainda, inventa uma situação de jogo na qual não haveria necessidade de ganhar. Sabemos por experiência pessoal que o colega da equipe que joga sem vontade de ganhar é um estraga prazeres que temos tremenda vontade de expulsar do campo. Entramos no jogo competitivo, embora seja na rua, para ganhar ou ganhar. Por não sermos profissionais não teremos outros custos se perdermos. Mas, o próprio profissional, quando avaliado como tendo dado o melhor de si mesmo não é punido nem ainda quando seu time perde. Há uma certa generosidade entre os torcedores que não raro afirmam: "o time jogou bem, perdemos por azar" e uma corrente que mistura tristeza, carinho e solidariedade vincula jogadores e torcedores. Galeano não aprecia que é tão importante lidar com os triunfos como com as derrotas. Sobre esses lados do sol Galeano não fala. Então, Galeano inventa seu próprio desencanto ocultando os momentos de afeto e solidariedade que o levariam a uma discurso menos desencantado. Nós não temos porque deixar-nos enredar por ele. Como Galeano não usa dados, pode dizer qualquer coisa.

Galeano apresenta um jogador escravo sem, entretanto, salientar as contracorrentes, as novas legislações, as lutas dos profissionais dos esportes por estatutos diferentes. Assim, apresentando apenas a sombra, constrói seu próprio desencanto. Apresenta um jogador arrebentado pelo esporte, cansado aos trinta, impotente como pessoa. Sempre na sombra. Não se refere, por exemplo, aos muitos antigos craques e profissionais que continuam jogando o futebol para ganhar, por exemplo, em torneios de futebol de praia ou de masters ou nas peladas com os amigos ao mesmo tempo que administram seus negócios não futebolísticos ou trabalham em empresas. O leitor desprevenido pode ficar com a impressão de que todos os jogadores tem um fim trágico. De fato, para o jornalista, o ex-profissional do futebol que tem sua família, que trabalha, que conversa com os amigos, que vai ao futebol com os filhos não é notícia. Notícia bem mais emocionante para o jornalismo é o profissional arrebentado pela droga, pela bebida, vivendo sem família, sem recursos e sem amigos. Notícias para o profissional do jornalismo são os extremos, Pelé e Zico, de um lado, Garrincha, Maradona ou Josimar, do outro, e por motivos e intensidades bem diferentes. Por isso as notícias são tendenciosas, estão preocupadas demais por refletir o extraordinário, "o acredite se quiser" e esquecem do comum, do ordinário, daquilo que para eles não é notícia.[17]

Crítico romântico e propositadamente tanguero rioplatense, Galeano diz:

*"E algum dia, o jogador descobre que jogou a vida só num naipe e que o dinheiro voou e a fama também. A fama, senhora fugaz, não lhe deixou nem um naipe de consolo **(3)**"*

E se interrogamos o jogador? E se ele responde que "faria tudo de novo". Que "prefiro cinco anos de glórias e recursos à vida na fábrica ou no desemprego". Que "a maioria passa a vida como agora eu estou, mas eu tive a grande vantagem de viver outros momentos". E se responde dessa forma, onde fica o desencanto de Galeano, onde seu poder de crítica? Na sociedade democrática e capitalista, a fama passa mais ou menos rapidamente para empresários, artistas, esportistas e cientistas. A fama e os seus equivalentes de importância social são duradouros nos regimes hierárquicos, fechados, amarrados ferreamente pela religião. Esse o mundo dos sonhos de Galeano? Alguns românticos que admiravam a Idade Média, a organicidade da sociedade feudal dada pela religião, o acompanhariam em seus sentimentos de desencanto.

Os esportistas têm direito e devem lutar por rever suas condições de trabalho, por mínimos contratuais, por exemplo. Por criar novas legislações ou contratos em relação aos clubes e às transferências. Por organizar formas de aposentadorias adequadas a sua profissão. Enfim, devem e podem lutar por tudo aquilo que considerem justo e digno para sua profissão. Contudo, eles não são coitados nem os que estão nas piores condições em nossa sociedade. Mais ainda, podem não lutar a favor da regulação da profissão porque entendem que o atual sistema brinda as melhores possibilidades para contratos milionários, embora a contrapartida, no caso de perderem os raros momentos que a deusa fortuna distribui, seja o salário baixo, a não acumulação, o banco de reservas e o problema final de pensar em que ganhar a vida quando sair do futebol. Estão mais à luz que muitos e compartilham com outros as sombras e as luzes da vida. Trata-se, isso sim, de aumentar a luz para todos.

Não acredito que Galeano consiga isso carregando as tintas das sombras mediante frases de efeito como: "O gol é o orgasmo do futebol. Como o orgasmo, o gol é cada vez menos frequente na vida moderna" (p: 9). Não sei se Galeano conta com dados para provar que o orgasmo é cada vez menos frequente, seria bom que os divulgasse. Entretanto, no caso do futebol, pareceria que as médias por jogo estão diminuindo quando se tomam os dados de, por exemplo, a Copa do Mundo entre 1930 e 1990. A tendência não é clara. Em 1930 foi de 3,89, já em 1954 de 5,38. Cai a partir de 1958, sendo em 1962 e 1966 de 2,78. É um cai e sobe e em 1982 é de 2,81, já em 1990 de 2,11. A tendência não é muito clara. Entretanto, poderíamos tecer argumentos semelhantes aos que Gould realiza para o beisebol e, em definitivo, poderíamos chegar à conclusão que há grandes jogos com um ou dois gols e jogos pouco emocionantes com muitos gols. A qualidade do jogo depende, como Elias demonstrou, das tensões que provoca e não necessariamente da quantidade de gols. Depende das sensibilidades que desenvolvemos, da estética à qual aderimos.

O reforçamento da invenção da tradição

Para finalizar destacarei a contribuição de Galeano ao reforço da tradição mitopoética do futebol. Entendo por tal ao conjunto de esforços destinados a colocar em relação as características do estilo do futebol com características da cultura ou caráter nacionais. Mediante essa elaboração, o futebol, como outros esportes, foi convertido em dimensão da cultura nacional.[18]

A história que se conta da entrada do futebol na Argentina, no Uruguai e no Brasil é estruturalmente a mesma. Os estrangeiros, especialmente os ingleses, trazem o futebol. A variação é por conta da introdução de algum nativo aristocrático que contribui com a importação. O segundo problema é explicar sua rápida e ampla adoção pelas camadas populares. Galeano, no caso do futebol *criollo,* encontra na não exigência de dinheiro o segredo para sua adoção ampliada (33). Galeano não observa que outros esportes, como rugby, boxe, natação no mar, lagoas e rios e basquetebol exigiam também pouco dinheiro, porém alcançaram graus pequenos ou meios de adoção. Ou seja, a baixa exigência de dinheiro, que faz do futebol uma diversão barata e que se aplicaria também a outras diversões, não explica contudo nem a rápida nem a ampla difusão específica. Neste sentido, apenas o polo e o golfe poderiam ser esportes de elites. Contudo, na sua origem o futebol é um esporte de elite e inglês. Os argumentos são contraditórios e Galeano obriga-se a reforçar sua explicação. Declara, então, que o futebol é uma linguagem universal, o esperanto do futebol, que permitiu que os expulsos das áreas rurais nacionais se entendessem muito bem com os trabalhadores expulsos da Europa. Digamos que ambos os trabalhadores já sabiam a linguagem do futebol ou que ela é tão simples que logo é dominada por todos. Parece mais simples apostar na simplicidade da linguagem. No entanto, a simplicidade da linguagem também se aplica, por exemplo, ao rugby, no entanto ele não pegou. A simplicidade da linguagem dos esportes, que permite sua aprendizagem rápida, também parece ser uma condição geral que não explica a adoção específica do futebol.

Seria muito mais honesto reconhecermos que não sabemos porque o futebol pegou, e não como fogo de palha segundo a profecia de Graciliano Ramos. Se os biólogos podem reconhecer que a mutação genética resulta do acaso e com isso não se sentem menoscabados em termos teóricos, os que lidamos com eventos sociais e culturais podemos também operar com o "acaso" ou simplesmente declarar: até que não existam estudos comparativos sólidos não saberemos porque pegou e talvez não o saibamos nunca. Aceitar nossa ignorância não reduziria um ponto da importância social do futebol nem as explicações ou interpretações que sobre ele realizem-se.

Porque não fazemos isso? Basicamente porque os argumentos sobre a economia, a pobreza dos praticantes e a linguagem universal são postos em relação com a formação da identidade ou cultura nacional que deve ser pensada como popular e resultado dos cruzamentos. Basicamente, então, porque a matriz explicativa é populista e romântica. No caso do Rio de la Plata, entre nativos e imigrantes, ambos trabalhadores e populares que se encontrariam também nos pátios de *milongas* e nos botequins:

Nos campos de Buenos Aires e Montevideo, nascia um estilo. Uma maneira própria de jogar futebol ia abrindo-se passo, enquanto uma maneira própria de bailar se afirmava nos pátios milongueros. Os dançarinos desenhavam filigrana, floreando--se, em só uma "baldosa", e os futebolistas inventavam sua linguagem no minúsculo espaço onde a bola não era chutada senão retida e possuída, como se os pés fossem mãos trançando o couro. E nos pés dos primeiros criollos nasceu o toque: a pelota tocada como e fosse violão, fonte de música (34).

A romantização populista do estilo do futebol imbricado com a cultura nacional corre solta. O central é vincular o estilo do futebol ao eixo da expressão musical e corporal na dança referido aos populares: o *criollo*, figura mítica que é rural, popular e descendente dos cruzamentos sexuais entre os europeus, principalmente espanhóis, e os nativos. Faltou-lhe a Galeano mencionar o *visteo*, a arte usada na prática das lutas com facas e à qual até Borges dedicou boas páginas. O *gaucho* e o *criollo* foram tematizados e tornados essência da nacionalidade desde o Martin Fierro de José Hernandez. Uma longa literatura *criollista* surgiu no seu esteio, sua descrição e impacto na formação da cultura argentina e *rioplatense* foram objeto do excelente trabalho de Prieto.[19] A cultura nacional se solidifica nas analogias entre a expressão corporal no futebol, na dança e na música. É a construção poética dirigida à emoção, que demanda a unidade, o fundamento da operação. A operação é facilitada porque há apenas um esporte popular e nacional: o futebol. As coisas seriam bem diferentes se a construção da tradição do estilo tivesse que lidar com vários esportes. As analogias são fracas e etéreas, contudo, quase que incontestáveis sob o ponto de vista da emoção que demanda a unidade. Contudo, não estamos diante de uma construção científica pois ela não pode ser refutada nem verificada, apenas relativizada se salientarmos que os mesmos mecanismos de construção existem por toda parte e, em cada lugar, se tomam os elementos locais que, para os intelectuais, seriam eixos da cultura popular que deverá se tornar em tradição nacional.

"Simultaneamente, o futebol tropicalizava-se no Rio de Janeiro e São Paulo. Eram os pobres os que o enriqueciam, enquanto o expropriavam. Este esporte estrangeiro fazia-se brasileiro a medida que deixava de ser o privilégio de uns poucos jovens acomodados, que o jogavam copiando, e era fecundado pela energia criadora do povo que o descobria. E assim nascia o futebol mais formoso do mundo, feito de quebras de cintura, ondulações do corpo e voos de pernas que vinham da capoeira, dança guerreira dos escravos negros e das bailadas alegres dos subúrbios das grandes cidades" (34).

De novo as mesmas figuras: pobres, negros, dança, música e, no caso, capoeira. Os jovens acomodados apenas copiavam, os jovens pobres e negros lhe darão personalidade própria, o farão parte da cultura nacional. De novo a poesia apela para a emoção. É inútil perguntar: onde estão os voos do futebol brasileiro e se existem, como se relacionam tecnicamente com os da capoeira? Ou, em relação à hipótese da leveza do futebol brasileiro, ao privilégio concedido ao drible, explicado como resultado de que os jogadores negros não podiam entra duro nos brancos. Uma explicação, no caso, em termos de relações entre classes sociais. O que é possível ser dito? Praticamente nada, pois estamos diante de relações supostas para as quais não são apresentados dados, apenas suposições criativas e inteligentes, mas que não podem ser tomadas como hipóteses ou interpretações vinculadas com dados. Não é possível argumentar empiricamente. O que podemos dizer é que as analogias são muito fáceis, emergem espontaneamente, não se pretende discuti-las. Ao contrário, suas força reside nas suas reiterações nos trabalhos literários, jornalísticos e acadêmicos que levam água para a tradição inventada. Assim, os românticos populistas japoneses podem um dia, se o futebol se torna o esporte nacional por excelência, vincular seu estilo à influências do judô ou das danças populares e tradicionais. Os americanos já fizeram isso em vários campos.[20] É mais que evidente que o romanticismo populista permeia a invenção da tradição: a cultura surge do povo e sobretudo da parte mais excluída ou marginal, o futebol leva a marca profunda da cultura, da música, da dança e da luta, dos que dela se apropriaram em cada contexto nacional ou regional.

A modo de conclusão

As elaborações românticas e populistas, por vezes vinculadas à infantilização e vitimização do povo, pareceria que realizaram uma grande contribuição em termos de valorização da cultura nacional e da produção cultural dos populares. A valorização centra-se em tomar elementos da cultura expressiva, dança, música e as lutas estilizadas. O que se valoriza, então, são os traços estéticos da cultura popular: carnaval, samba, tango, futebol. Esta valorização pode no fundo ser produto de uma espécie de compensação da desvalorização no plano da razão e da vida instrumental, da condução e da gestão. Poderíamos chegar a pensar, se perseguidos pela dominação, que pode formar parte de uma sofisticada, embora não consciente, estratégia de poder. A infantilização não parece colaborar ativamente com a modificação das situações, ao contrário, parece constituir um longo repertório que exime da responsabilidade da ação. A vitimização parece ser boa para os advogados e para o pagamento de reparações, é difícil, no entanto, que gere processos de mudança significativos. Estas suspeitas deveriam apenas formar parte do estoque de recurso que dispomos para sofrear o entusiasmo estetizante do romantismo populista. Contra-hipóteses, portanto, que tentam relativizar o entusiasmo redentor e missionário do romanticismo populista.

Não acredito que necessitemos da infantilização do futebol nem da vitimização de jogadores e torcedores para realizar seu entendimento crítico. Mais ainda, penso que essas operações podem ocultar um entendimento mais valioso dos processos contraditórios do esporte espetáculo.

A valorização do futebol pelas suas supostas fontes populares, de classe, de raça e de cultura, aliada, como no caso de Galeano, a uma valorização do individualismo do jogador é uma configuração curiosa que merece ser pensada. Talvez, seguindo o mestre Gilberto Freire, poderíamos aventar a sugestão de que resulta do acendrado e particular individualismo hispânico.

É bem possível que o campo das atividades expressivas não seja o melhor lugar para realizar a crítica do não reconhecimento da diferença, da marginalização, da discriminação. Esse campo, formado por esporte, música e dança, aparece como muito aberto para a participação dos negros, dos *cabecitas negras*, enfim, daqueles que encontram dificuldades sérias na educação, na economia e na política.

Os desencantamentos formam parte da modernidade tanto quanto seus encantamentos. Apenas parece que entenderemos sua dinâmica se os tomamos em conjunto, ao invés de acentuarmos um ou outro.

---

[1] Um sintoma da aliança é o nome da revista de esporte mais tradicional da Argentina, *El gráfico*.

[2] Como exemplo, ver Soares e Lovisolo, 1997, O futebol é fogo de palha: a "profecia" de Graciliano Ramos, onde comentamos a crônica do romancista sobre o futebol escrita em 1921, in ***Pesquisa de Campo***, número 5, 1977, ed. UERJ, Rio de Janeiro.

[3] Cf. Soares, 1998. De fato, quando as ciências sociais abandonam o referente empírico, pouco importa se qualitativo ou quantitativo, são sugadas pelo "atrator" da literatura. Sobre a tensão das ciências sociais entre literatura e ciência ver W, Lepenies, 1994, ***Las tres cultura***, Fondo de cultura econômica, México.

[4] Citar aqui a obra organizada por Hobsbawm e Ranger 1977, ***A invenção das tradições,*** Paz e Terra, Rio de Janeiro, é inevitável. O artigo do Hobsbawm, que fecha o volume, é de importância central para os interessados nos esportes.

[5] Comprei o livro de Galeano em Buenos Aires em 1996. Acreditei que seria uma agradável leitura durante o retorno, e foi mesmo. Galeano é um jornalista competente, sob o ponto de vista estilístico. Já no decorrer de 1998, tive que ler trabalhos de alunos nos quais as crenças ou ideologias de Galeano, via citações, faziam-se presentes. Assim, escrevo este trabalho como exercício de responsabilidade e, devo reconhecer, sem muito prazer, não o escrevo porque sim, *porque me dá la gana*. Escrevo por princípio de economia, para evitar repetir para os alunos as mesmas críticas e para me contrapor às crenças da infantilização e da vitimização.

[6] O leitor poderá reconhecer em minhas considerações o peso das elaborações de Chaim Perelman, 1993, ***O império da retórica***, Edições Asa, Portugal.

[7] Cf., R. Willians (19).

[8] O grau de violência dos jogos com bola que antecedem ao futebol foram descritos por Elias e Dunning, 1992, ***Deportre y ócio en el processo de la civilización***, Fondo de Cultura Económica, México, como o processo posterior de domesticação da violência mediante as regras e os relógios. O relógio de ponto nas fábricas teria tido, para Thomposon, um elemento valioso na valorização por parte do trabalhador de seu tempo de trabalho e do tempo livre. Cf.

[9] Um dos melhores trabalhos sobre J. Huizinga que conheço foi escrito por E. H. Gombrich. ***Homo Ludens*** corresponderia á produção do último Huizinga que, segundo Gombrich, "Ve la cultura humana teniendo como aterrador fondo un problema metafísico, se había vuelto profundamente religioso, y le preocupaba la cuestion suprema de la justificación de la cultura a los ojos de Dios" (p.141) e "Aqui está el nuevo elemento, creo yo, la experiencia que convirtió a Huizinga, de tranquilo historiador de la cultura, em apasionado crítico de su tiempo y, a decir verdad, en *laudator temporis acti*. El esteticismo romántico que siempre había intentado mantener bajo estricto control parecia el único refugio del mundo moderno, del que se sentia cada vez más alejado"(p.148). Cf. E. H. Gombrich, 1991,***Tributos***, Fondo de Cultura Económica, México.

10 Observo que para Piaget o processo de desenvolvimento ou maturação, o tornar--se adulto, significa uma quebra do centramento, do egocentrismo infantil presente nas figuras de Huizinga e que Galeano acolhe sem reflexão porque lhe permite dar base a suas crenças românticas e desencantadas sobre o dinheiro.

11 Infantilização e vitimização pareceriam ser tendências estreitamente relacionadas. Sobre uma utilização mais ampla dessas categorias ver P. Bruckner, 1997, ***A tentação da inocência***, Ed. Rocco, Rio de Janeiro.

[12] Sobre o tratamento da regra esportiva e suas possibilidades de interpretação alternativa ver H. Lovisolo, 1997, ***Educação física como arte da mediação***, Ed. Sprint, Rio de Janeiro, capítulo 2.

[13] Cf. H. Bloom, 1995, ***O cânone ocidental***, Ed. Objetiva, Rio de Janeiro.

[14] Idêntica lógica é acionada por M. Betti, 1997, para acusar os interesse de lucro como responsáveis da violência no esporte. Uma crítica dessa visão, a partir de seus próprios dados, pode ser conferida em Lovisolo, 1998. Ver Betti, (1997), Violência em campo, Ed. Unijuí, Ijuí-R.G.S, e Lovisolo, futebol, mercantilização e violência in Motus Corporis, vol.5, n.2, novembro de 1998, Ed. Central UGF, Rio de Janeiro.

[15] Quando escrevia este artigo, Raul, o jogador de Real Madrid, passou pelos dois defensores de Vasco, deslocou o goleiro e tocou para o fundo da rede. Sua jogada foi comentada como bela. Raul, por certo, é um jogador profissional muito bem pago,

elegante, limpo, bem nutrido, etc.

[16] Cf. J. S. Gould, 1990, ***O sorriso do flamingo***, ed. Martins Fontes, São Paulo.

[17] Tenho a sensação de que nos últimos tempos há mais notícias sobre os negócios dos jogadores que não tem o tamanho esportivo de um Pelé ou um Platini. Seguindo a moda, e se a sensação é compartilhada pelo leitor, podemos sugerir que talvez seja efeito do neoliberalismo desejante em apontar as virtudes do mercado quando aliadas a alguma capital e inteligência de gestão.

[18] Esse tipo de argumentação está presente na literatura e no cinema já faz várias décadas. O filme "Campos dos sonhos", por exemplo, apresenta diálogos bem interessantes entre um branco e um negro sobre a construção das relações entre o beisebol e a cultura norte-americana.

[19] A. Prieto, 1989, ***El discurso criollista en la Argentina***, Ed. Sudamericana, Buenos Aires.

[20] Ver, como exemplo, . George, 1992, ***Elevating the game, black men and asketball***, Harper Collins Publishers,NY.

O RACISMO NO FUTEBOL DO RIO DE JANEIRO NOS ANOS 20: UMA HISTÓRIA DE IDENTIDADE*

Antonio Jorge Soares

Introdução

As narrativas produzidas por jornalistas a partir de fatos envolvendo clubes e jogadores de futebol no Brasil têm sido tradicionalmente fonte de criação de mitos. Tais mitos têm influenciado ou confundido pesquisadores pouco familiarizados com as idiossincrasias deste esporte. O esporte parece ser um campo fértil à invenção de tradições ou à construção de histórias de identidade, no sentido de Hobsbawm. O conceito de "história de identidade" pode ser entendido como o uso emocional do passado para justificar instituições e ações no presente e/ou alimentar algum tipo de autoestima ou ressentimentos de coletividades. Neste sentido, as funções e usos sociais da história por grupos, instituições e indivíduos não devem ser confundidos com o ofício de fazer história profissionalmente.

A "heroica" história do Clube de Regatas Vasco da Gama como o pioneiro a romper com as barreiras raciais e sociais no espaço do futebol é um exemplo de história de identidade, presente em nosso cotidiano e em elaborações acadêmicas. O Vasco foi tomado como enredo de Escola de Samba no Carnaval carioca de 1998; o vereador Antônio Pitanga, vascaíno e militante no movimento negro, declarou que pretendia apresentar um projeto de lei para tornar obrigatório o

* Este texto foi publicado na Revista Paulista de Educação Física N. (13)1 jan/jun de 1999.

ensino da história do Vasco nas escolas do Município do Rio de Janeiro. Para o vereador, a história deste clube é um dos marcos da luta do negro por igualdade na sociedade brasileira.[1] A façanha narrada é a seguinte: o Vasco, com um time de negros, mestiços e brancos pobres, ao vencer os afortunados brancos – burgueses e aristocratas do Fluminense, Botafogo, América e Flamengo – teria revolucionado o futebol em direção à democratização. Mas, segundo as narrativas, a vitória do Vasco em 1923 não teria sido aceita consensualmente pelos famosos "clubes de brancos"[2] e a reação teria sido formar uma "liga branca" que excluísse o Vasco, com seus negros e mestiços. A nova instituição, segundo o jornalista Mário Filho e seus reprodutores, desejava fazer voltar os bons tempos do futebol "só para brancos" (Rodrigues Filho, 1947, 1964). Assim, a fundação da AMEA (Associação Metropolitana de Esportes Atléticos) é apontada pelas narrativas como um dos principais indícios ou prova da mentalidade racista/segregacionista que rondou o futebol carioca na década de 20.

Essa "história" é contada e recontada, divulgada em jornais e reforçada em artigos de natureza acadêmica (Caldas, 1990; Corrêa, 1985; Gordon Junior, 1995/96; Helal, 1997; Leite Lopes, 1994; Mattos, 1997; Murad, 1994, 1996; Santos, 1981). Observe-se que não são poucos os textos acadêmicos que reproduzem a "história do Vasco" como o clube que rompeu com o racismo no futebol. Tais artigos utilizam exclusivamente as interpretações contidas no livro de Mário Rodrigues Filho (1947, 1964), "O negro no futebol brasileiro". Esse livro se tornou "uma fonte inesgotável de dados", que mais têm servido à construção de histórias de identidade do que auxiliado o processo de levantamento de novas fontes e de elaborações mais rigorosas sobre a dinâmica da instituição e popularização do futebol no Brasil (Soares, 1998, 1999). Talvez, o fato de Mário Filho ter vivido próximo aos eventos que narra como jornalista e escritor tenha servido como argumento de legitimação para aqueles que utilizam desatentamente seu texto. Contudo, o relato de um personagem do passado, seja o rei ou o servo, deve apenas ser encarado pelo historiador como uma das versões do ocorrido (Veyne, 1995). De fato, os artigos escritos academicamente sobre a história do futebol reproduzem univocamente a interpretação de Mário Filho, eivada de "bias", onde fatos e ficção se interpenetram (Soares, 1999).

Observe-se que, para ser justificada, a história do Vasco como o clube que rompeu com o racismo necessita apresentar indícios sobre as barreiras raciais existentes no futebol da época. Não se pode justificar tal história pelo simples fato do Vasco ter formado em 1923 uma equipe com negros, mulatos e brancos, por vários motivos: a) se existisse segregação, diretamente relacionada à questão racial, o Vasco não teria participado com essa equipe no Campeonato de 1923; b) o Vasco não foi o primeiro clube de futebol a ter negros e mulatos em suas equipes de futebol (Rodrigues Filho, 1964; Soares, 1998); c) na década de 20, negros e mulatos, ainda que poucos, já habitavam outros espaços sociais mais valorizados do que o esporte (tais como a literatura, a medicina, o direito, a política e o oficialato do exército – Freyre, 1996). Assim, não podemos atribuir pioneirismo ao Vasco por ter misturado racialmente sua equipe em 1923. A história do Vasco de "luta contra o racismo" relaciona três eventos de forma causal, sem reconstituir as tramas específicas e sem realizar levantamentos de novos indícios que animaram os eventos em tela: a vitória do Vasco em 1923; a fundação da AMEA em 1924; e a não-participação do Vasco no campeonato promovido nesse ano pela nova entidade. Entretanto, as narrativas que seguem a ambígua narrativa de Mário Filho tomam a fundação da AMEA como indício ou prova da reação racista/segregacionista que dá sentido à heroica história do Vasco na década de 20. A interpretação de Mário Filho sobre esses eventos parece que basta aos intelectuais, na medida em que bem se ajusta ao discurso politicamente correto em voga.

O sentido conferido à fundação da AMEA na luta antirracista do Vasco acaba por tornar secundário o debate sobre o amadorismo, que gerava uma série de conflitos no interior das instituições esportivas no período retratado. Assim, no escopo das narrativas sobre esses eventos, o amadorismo surge como algo que deve ser colocado como lateral, ou como uma forma de dissimular a segregação racial no espaço do futebol. O amadorismo, por definir critérios de participação a partir de critérios de distinção social, é tomado como sinônimo ou estratégia de racismo uma vez que as camadas populares eram povoadas por negros e mestiços. A lógica utilizada reduz demasiadamente a complexidade das relações raciais na sociedade brasileira da época. Por exemplo, Mattos (1997, p.87) afirma um processo de segregação explícita, no primeiro plano de sua narrativa, sem apresentar nenhum novo indício: a AMEA teria exigido que o Vasco retirasse os jogadores negros do time; depois atenua sua afirmação, dizendo que a AMEA "não proibiu que os negros fossem escalados nos times, mas criou uma série de regras a serem obedecidas pelos clubes". Entre tais regras figurava a de que os times só poderiam ser formados por trabalhadores que não exercessem funções subalternas e por estudantes. Para Mattos e os autores supracitados, o "ethos" do amadorismo funciona apenas com elemento dissimulador do racismo e da segregação. Devemos destacar que as atuais narrativas sobre esses eventos confundem, não distinguem ou não apresentam nuanças sobre os conceitos de: racismo, segregação, preconceito racial e distinção social. Assim, a repetição dessa história ou quase-história, sem dados empíricos e sem fineza conceitual, valida e legitima a versão a ponto de transformá-la em um mito.

Por termos a fundação da AMEA como principal indício de segregação racial sofrida pelo Vasco e seus jogadores é que devemos acompanhar a criação dessa entidade e as suas relações com os clubes. Rastreando os jornais da época e outras fontes, podemos constatar que o racismo/segregação vinculado a AMEA, e que confere significado à história do Vasco, debilita-se pela ausência de dados. A fundação da AMEA é mais bem explicada pela hipótese da manutenção da ética do amadorismo num esporte que se popularizou rapidamente, e pela dinâmica das instituições esportivas e de seus membros. Criar ligas ou desfazer ligas, em função de conflitos dessa natureza, não era novidade naquele contexto, no Brasil ou no exterior (Cf. Sacher & Palomino, 1988). Tomás Mazzoni (1950) relata várias cisões internas em torno de entidades esportivas em São Paulo, no Rio de Janeiro e em outros estados brasileiros:

> *A temporada de 1921 registrou um episódio interessante, em São Paulo, com a revolta dos chamados pequenos clubes contra a APEA. [...] Não tendo sido satisfeita a sua ambição nos estatutos aprovados em 21 de março de 1921, os clubes da Segunda Divisão, que de há muito desejavam uma lei que facultasse o seu acesso à Divisão Superior, pediram demissão em quase sua totalidade, indo constituir outra entidade esportiva a que deram o nome de Federação Paulista de Desportes.(p.160)*

A partir do esquema de Hirschman (1973) podemos entender que associações voluntárias (clubes, partidos políticos e ligas) são espaços propícios para que se ativem os mecanismos da "voz ou saída" dos membros-clientes, isto é, quando não satisfeitos com algo no interior das organizações. Tais mecanismos tanto podem auxiliar a recuperação das organizações quanto a sua degeneração; assim, não existe uma combinação ideal aprioristicamente. Entretanto, os diferentes tipos de organizações (comerciais, família, associações voluntárias) podem dar espaço em graus diferenciados a esses mecanismos, ou podem funcionar usando apenas um dos mecanismos. "São relativamente poucas as organizações onde ambas – voz e saída —representam papéis importantes: as principais são as associações voluntárias de todo o tipo" (Hirschman, 1973, p.120).

Neste sentido, os conflitos e os acordos, no interior das organizações de futebol, combinam esses dois mecanismos. De fato, a manutenção do "ethos" amador num esporte que rapidamente se popularizava e os interesses divergentes dos clubes-membros provavelmente fizeram surgir conflitos dessa natureza. Acompanhemos a fundação da AMEA e sua relação com os clubes da época para desmistificarmos o principal indício utilizado na história de perseguição ao time de negros e mestiços do Vasco.

Dissidências em 1924 e a fundação da AMEA: onde está o racismo?

O jornal *O Paiz* anunciava que o futebol em recesso nunca tinha vivido tantas confusões e mudanças como naquele início de temporada em 1924.[3] A instituição que governou o futebol carioca até essa data foi a METRO (Liga Metropolitana de Esportes Terrestres). Os "grandes clubes"[4] não estavam satisfeitos com o tipo de administração populista que vinha sendo implementada. Assim, Botafogo, Fluminense, Flamengo e América, insatisfeitos, apresentaram uma proposta de reforma dos estatutos da METRO.

A proposta geral intencionava reforçar o poder decisório dos "grandes clubes" no interior da METRO. Para isso, propunha: a) formar um conselho deliberativo de nove membros, que seria composto por cinco "representantes dos pequenos, indicados pelos grandes, e quatro representantes dos quatro clubes que promoveriam a reforma"[5] e b) introduzir o sistema da eliminatória olímpica para definir os clubes que participariam da divisão principal. A eliminatória olímpica, pelo que se entende nas matérias jornalísticas, incluía outras modalidades esportivas para definir os clubes que participariam da série principal no futebol. Sua intenção explícita era valorizar os clubes que desenvolviam uma cultura esportiva generalizada e criar mecanismos para transformar os clubes especialistas em futebol em clubes generalistas. Os efeitos da implementação desse modelo seriam a redução do número de clubes na série principal e a garantia de lugar cativo na série principal de futebol para os clubes que já desenvolviam outros esportes. Esse modo de eliminatória deveria substituir aquela que tomava por critério apenas o desempenho do clube na modalidade de futebol. Outro item da agenda da reforma proposta era o prazo, fixado em cinco anos, para os clubes reformarem ou construírem instalações próprias e apropriadas para a prática de futebol e outros esportes.[6]

Tal proposta não foi bem vista tanto pela imprensa quanto pelos demais clubes que faziam parte da METRO. O Correio da Manhã informava que, se aprovada a reforma proposta pelos "grandes, a maioria dos clubes ficaria a reboque das decisões dos "*quatro reformadores*".[7] Os "pequenos clubes" manifestaram-se rapidamente contrários à proposta.[8]

Os "grandes" ativaram a "voz" propondo a *reforma,* pois estavam descontentes com os rumos da entidade e para isso reivindicavam mais cotas de poder. Os argumentos que fundamentavam a proposta eram os seguintes: a) os "grandes" clubes haviam realizado esforços financeiros e filantrópicos para desenvolver a cultura esportiva generalizada. Nesse sentido, mobilizaram recursos para implementar vários esportes e construíram instalações apropriadas para várias modalidades esportivas. Assim, os "grandes" se sentiam injustiçados frente à situação em que os "pequenos", quase todos especializados em futebol, sem instalações apropriadas e sem nada ter realizado pelo desenvolvimento de uma cultura esportiva abrangente, tinham a hegemonia nas decisões na METRO; b) o amadorismo dos atletas era pouco controlado pela METRO, e com isto alguns clubes estariam profissionalizando veladamente o futebol, que na época era o esporte mais popular. Deve-se ter em mente que a ideia do desenvolvimento de uma cultura esportiva estava intrinsecamente vinculada aos valores aristocráticos da prática esportiva desinteressada, que se traduz no ideal do esporte amador (Mandell, 1986). Apesar desses valores terem origem aristocrática, pode-se dizer que a burguesia ascendente os incorporou, no campo esportivo.[9] Vejamos o processo que resultou na "saída" dos "grandes" da METRO.

A notícia publicada no *Correio da Manhã*, "O Prólogo da Scisão", explicitava a discordância dos "clubes pequenos" em relação aos critérios de formação do conselho deliberativo e da eliminatória olímpica.[10] Segundo o jornal, o Vasco teria se aliado aos "pequenos" em função da "proposta, [...dos] Clubes, Botafogo, América, Flamengo e Fluminense,[...]não garantir [...]em absoluto os direitos dos demais."[11] O Vasco não teria discordado da fórmula da eliminatória olímpica e nem do prazo para construção de instalações esportivas. A discordância situava-se na desigualdade de direitos de discussão e voto em favor dos *reformadores* e nos critérios que definiam o jogador amador. Sobre o amadorismo, a diretoria do Vasco anunciou que no momento oportuno apresentaria seu ponto de vista[12]

No dia 22 de fevereiro a cisão no futebol carioca consuma-se: "Cinco clubes abandonam a entidade carioca".[13] Como o mecanismo da "voz" não havia funcionado, os reformadores operaram com o mecanismo da "saída". A proposta de reforma dos "grandes" foi derrotada em assembleia. Em definitivo, os "pequenos" não aceitavam o critério da eliminatória olímpica. A diferença de 21 votos contra 15 fez permanecer a *"eliminatória de football"*. É importante ressaltar que o Vasco teria votado com os "grandes" sobre esse item da reforma.[14] (O Vasco como clube já possuía tradição nos esportes náuticos e em outros esportes, portanto esse item não o incomodava. O que perturbava o campeão carioca de futebol de 1923 era não ter os mesmos direitos de decisão e voto que os reformadores).

Nesse clima de dissidências, as manchetes tornaram-se cada vez mais bombásticas. O Correio da Manhã anunciava "Football – O Momento – Hontem, Hoje e Amanhã. O que resultará da *scisão*?[15] Segundo o jornal, a cisão colocaria a METRO em situação financeira delicada, sem a presença dos "grandes clubes".[16] Esse jornal, àquela altura dos acontecimentos, alinhava-se aos dissidentes afirmando que a cisão teria ocorrido em função dos interesses financeiros se sobreporem aos interesses do desenvolvimento da cultura esportiva no interior da METRO. Uma das marcas da perda do ideal do desenvolvimento da cultura esportiva seria o descaso da entidade em relação ao controle do amadorismo.

Não tardou e os reformadores fundaram uma nova liga, em 29 de fevereiro de 1924, mas, como o ano era bissexto, resolveram oficializar a data da fundação para 1 de março. A manchete estampava "OS DISSIDENTES DO FOOTBALL CARIOCA FUNDARAM HONTEM A ASSOCIAÇÃO METROPOLITANA DE ESPORTES ATHLETICOS – AMEA".[17] No mesmo dia da fundação, o Vasco, apesar de ter sido adversário dos reformadores na METRO, anunciava que seu conselho deliberativo dera indicativo favorável para filiar-se à AMEA.[18] O conselho entendia que, em função da qualidade dos dissidentes, a METRO não representava mais o esporte carioca.[19] O Imparcial, também neste dia, noticiava que "[Já] se fala do desligamento do Vasco da METRO".[20] O Paiz anunciava que, com a saída de Vasco, Andarahy e São Cristóvão, a situação da METRO ficaria insustentável em termos financeiros e de prestígio.[21]

A nova instituição recebeu o apoio quase total da imprensa. Após o primeiro mês de existência, depois de uma série de reuniões e acordos, os estatutos da nova liga foram divulgados na íntegra pelo Correio da Manhã.[22] Os Estatutos da Associação Metropolitana de Esportes Athleticos em pouco diferiam dos itens da reforma proposta na METRO.

O artigo 4o. do estatuto definia quatro classes de membros associados: *os fundadores, os efetivos, os especialistas e os honorários*. Os *fundadores* eram os clubes que assinaram a ata de fundação: Fluminense, Botafogo, Flamengo, América e Bangu; os *efetivos* eram aqueles que preenchessem os requisitos quanto a instalações esportivas e quanto à prática generalizada de esportes; os *especialistas* eram os clubes dedicados a um ou dois esportes. O Vasco reivindicava ser um dos membros *efetivos*, na medida em que cumpria o requisito de praticar vários esportes; apenas não preenchia o quesito de possuir instalações apropriadas e campo de futebol dentro dos padrões. Mas sua diretoria assumia o compromisso de sanar rapidamente este problema.

O artigo 5o. previa um processo detalhado para aceitação de inscrição dos atletas. Os clubes deveriam indicar o nome do atleta por extenso, a residência atual e a anterior, a profissão que exercia no momento e a que havia exercido anteriormente, bem como os endereços do emprego atual e anterior, e ainda os nomes das pessoas sob cuja direção exercia ou teria exercido sua profissão. Além do controle da vida dos atletas, os dirigentes também deveriam ser investigados tanto na vida pública quanto na privada, para que lhes fosse atestada a idoneidade. Observe-se que este artigo previa uma espécie de vigilância ostensiva da ética do amadorismo; ética que se traduziria em elemento de distinção social e pertencimento desinteressado ao esporte (Bourdieu, 1990; Elias, 1993; Elias & Dunning, 1992; Mandell, 1986).

O artigo 5o., que previa um maior rigor no controle do amadorismo, deve ser analisado em detalhe. Os grandes clubes dependiam da renda da bilheteria gerada pelo futebol para saldar seus compromissos; para investir na manutenção e na construção de instalações e, como já era corrente aqui e alhures, para pagar, dissimuladamente, as gratificações aos seus "amadores". Lutar pelo controle do amadorismo seria, talvez, uma forma de controle dos times pequenos e de autocontrole financeiro para os "grandes". A sindicância ostensiva pode ser lida como uma estratégia de limitar ou retardar a profissionalização que estava sendo gestada. O futebol poderia, assim, dar lucro e voltar a ser um elemento de distinção social. Os clubes pequenos e especializados em futebol – que mais facilmente poderiam tornar-se empresas gerenciadoras de talentos – sob vigilância ostensiva ficariam limitados.

O cenário de apostas e subornos que sempre rondou o esporte certamente estava presente no imaginário dos fundadores da AMEA. Nesse sentido, o artigo 10o. previa que os membros associados deveriam punir seus sócios quando ficasse comprovada a tentativa de suborno.

O artigo 9o. do Estatuto era certamente um dos mais conflituosos. Fica explícito, em sua formulação, a intenção de destinar cotas diferenciadas de poder em favor dos "grandes". Os membros *fundadores* e *efetivos* teriam direito permanente a cinco votos e mais um por esporte praticado, dentre os regulamentados pela AMEA (tênis, atletismo e outros).[23] Os clubes especialistas teriam permanentemente um voto, e mais um por esporte praticado. A forte adesão dos clubes pequenos a AMEA, mesmo com poder limitado, indica que os "pequenos" não gostariam de jogar sem o brilho e sem as rendas que os "grandes" clubes proporcionavam. Se a "voz" dos dissidentes não fora legitimada no interior da METRO, ela se impôs na AMEA.

Diante daquele cenário, vários clubes requisitaram o ingresso na nova liga. A "saída" dos clubes da METRO para a AMEA pode ser explicada como um mecanismo simples de concorrência de mercado. Observe-se que os grandes clubes possuíam infraestrutura ideal para a prática do futebol (campos com arquibancadas) e as grandes torcidas, o que, teoricamente, proporcionava mais brilho e melhores rendas, como já comentado. Provavelmente, foi por este motivo que observamos as adesões a AMEA serem noticiadas enfaticamente: São Cristóvão e Andarahy teriam sido aceitos na nova liga e o Helênico A.C. pedia seu ingresso.[24] Outra notícia informava que o conselho deliberativo do Vasco da Gama divulgou uma moção de apoio aos clubes fundadores da AMEA.[25] Todos os clubes com relativa importância desejavam pertencer à nova entidade. Os jornais elogiavam a estratégia da entidade no controle do amadorismo e acreditavam na volta dos bons tempos, onde os cavalheiros de educação aprimorada voltariam a dar brilho ao esporte.[26] A AMEA, ao que tudo indicava, parecia estar consolidada. Pode ser notado que nada em relação à questão racial é colocado nas matérias jornalísticas descritas até aqui. Será que nos anos 20 a emissão de opinião racista sofreria represálias?

A nova entidade havia desistido de formar duas séries com oito clubes de futebol cada, como fora previsto inicialmente, e anunciava uma única série com 10 clubes. Esta decisão era uma espécie de acordo político para que todos participassem da divisão superior no seu primeiro campeonato. Tal decisão pode ser lida como casuísmo, na medida em que recebeu apenas cinco adesões, se não contarmos os fundadores. Entretanto, as cinco adesões foram dos clubes de maior expressão do futebol carioca. A lista dos 10 clubes associados foi a seguinte: América, Andarahy, Bangu, Botafogo, Flamengo, Vasco, Fluminense, Helênico, São Cristóvão, S.C. Brasil.[27]

Quando os rumos do futebol carioca pareciam estar definidos, um novo conflito surge no interior da AMEA. *O Paiz* noticiou, em forma de boato, que um time da zona norte estaria discordando da decisão da AMEA de afastar alguns de seus jogadores, e iria contestá-la.[28] No dia 7 de abril, anunciou-se que a AMEA havia tomado decisões quanto aos dias dos jogos e quanto ao sistema de eliminatórias para o futuro campeonato.

> *Os clubes fundadores, de acordo com uma deliberação de ontem, não terão jogos entre eles no sábado [jogando apenas no domingo], o mesmo não acontecendo quando tiverem um encontro com quaisquer dos cinco clubes [não-fundadores], que tiveram sua filiação após a fundação da AMEA.*[29]

Tal decisão não foi bem aceita pelos clubes pequenos, pelo Vasco, nem pela imprensa em geral, e a crise explode.[30] A decisão dos fundadores de jogarem aos domingos indicava, para os analistas da época, que a AMEA não mudaria o quadro moral do esporte carioca. Observe-se o trecho da matéria "Pau que nasce torto":

> *(...) Tudo que era uma promessa transformou-se na expressão do mesmíssimo interesse financeiro e egoístico que os movia, anos atrás, no meio daqueles que a severidade exterior procura agora hostilizar por todos os modos.*[31]

A cisão no interior da nova entidade tornou-se inevitável. O Vasco desliga-se da AMEA justificando publicamente sua decisão: a) não aceitava os privilégios que os fundadores se autoconcederam, por achar injusto o modelo de exercício do direito de discussão e voto. Os argumentos da falta de infraestrutura e das deficiências de seu campo de futebol também não eram aceitos pelos dirigentes vascaínos; b) não concordava com o processo de sindicância realizado sobre as posições sociais de seus jogadores. Tal processo, segundo os dirigentes do Vasco, havia sido realizado sem um representante do clube e sem direito a defesa.[32] A diretoria do clube concluía o manifesto afirmando que só voltaria atrás caso os mesmos privilégios que gozavam os fundadores fossem concedidos ao Vasco. Devemos observar que dentre os argumentos acima levantados não aparece à questão racial; o que é explicitamente aludido como motivo de discordância é a sindicância realizada sobre as posições sociais dos seus jogadores. Entretanto, o que o Vasco explicita em seu protesto público é a reivindicação por igualdade de voto e voz.

Em 19 de abril a AMEA respondia às acusações do Vasco através de seu presidente, Arnaldo Guinle. Ele contra-argumentou afirmando que o Vasco, antes de seu pedido de filiação, conhecia seus direitos e sua qualidade de sócio, como estabelecia o Estatuto. Afirmou também que o direito de defesa jamais teria sido negado ao Vasco ou a qualquer outro clube.[33] Os argumentos finais de Guinle, apresentados publicamente, tinham por intenção provar que o Vasco praticava o semiprofissionalismo, ou amadorismo marrom.[34] Guinle demonstrava a contradição dos dirigentes vascaínos sobre a condição amadora de seus jogadores. O Presidente da AMEA declarou que, em certa ocasião, havia dito ao presidente do Vasco que esperava ver portugueses jogando futebol, já que o Vasco era um clube da colônia. A resposta do presidente vascaíno, segundo Guinle, teria sido que o comércio português, por ser árduo e pesado, não permitiria que os funcionários deixassem suas obrigações para entregar-se aos jogos da AMEA.[35] Observemos, mais uma vez, que o debate entre o Vasco e a AMEA tinha por foco a questão do amadorismo e das cotas de poder no interior da nova entidade, e a questão racial em nenhum momento vem à baila; mesmo numa época em que não existia nenhuma lei antirracista.

O Vasco acabou retornando à METRO e foi campeão em 1924. O Rio de Janeiro conviveu com dois campeonatos que dividiram as demandas de espectadores; e, pelos relatos, percebe-se que foram dois campeonatos insossos. Um ano mais tarde, depois de uma série de acordos intermediados pelo Sr. Carlito Rocha, o Vasco resolveu filiar-se definitivamente a AMEA. Será que podemos tomar a fundação da AMEA, após a descrição realizada, como indício e/ou prova de racismo contra o Vasco?

A história de identidade não basta

A versão das dissidências em 1924 no futebol carioca, com base em Mário Filho e no modelo da mentalidade racista existente no Brasil, parece bastar aos intelectuais que repetem e reeditam essa história. Vários estudos e nossa experiência como brasileiros confirmam a existência do racismo ou do preconceito racial no Brasil. Entretanto, o pressuposto teórico e geral do racismo não indica que se possa imputar sentido à referida trama descrita sem dados empíricos que confirmem a explicação. Os novos dados apresentados aqui indicam que o modelo de uma história social explica melhor o evento em questão. A análise das interações dos atores coletivos e individuais, demonstra que os interesses dos clubes e a articulação em torno da oposição amador/profissional explicam melhor a dinâmica do futebol da época e de suas instituições do que a tese do racismo/segregação. Observemos a montagem do quebra-cabeça para desmistificar a relação causal entre a vitória do Vasco em 1923, a fundação da AMEA em 1924 e a não participação do Vasco no campeonato dessa entidade apenas no primeiro ano de sua existência.

O futebol era um esporte popular e de massas no ano de 1924. Os clubes já não podiam prescindir do prestígio do futebol, nem do orçamento gerado pela bilheteria dos jogos; também não podiam prescindir do bom jogador, independente da sua "raça". Entretanto, o valor do amadorismo no campo esportivo era ainda muito forte, o esporte como campo objetivo de negócios ainda não era dominante nem aqui nem na Europa, à exceção dos Estados Unidos, que desde cedo descobriu no esporte um campo fértil de negócios (Mandell, 1986). O ano de 1923 tinha apresentado uma surpresa para os grandes clubes: o Vasco, um novato na liga superior, venceu o campeonato. Mas era evidente que o Vasco tinha sido campeão com uma estrutura profissional encoberta; os jogadores sob a direção do treinador estrangeiro Platero dedicavam-se exclusivamente ao futebol. O próprio Mário Filho relata que era visível a diferença de preparação física dos jogadores do Vasco em relação aos jogadores de outros clubes, pois, os vascaínos treinavam como se estivessem em "colégio interno" (Rodrigues Filho, 1964). A METRO, em virtude da política populista implementada por seu presidente, Sr. Agrícola Bethlem, não realizava o controle ostensivo sobre a condição social dos jogadores, e tinha inflacionado o número de filiados. Com essa política, o presidente visava garantir sua hegemonia no controle da entidade. Para completar o cenário de surpresas, o Botafogo por pouco teria sido rebaixado para a segunda divisão em 1923 e o Fluminense também já havia passado por esse susto anteriormente, segundo Rodrigues Filho (1964). Os "grandes" clubes não podiam correr esses riscos; não podiam cair para a segunda divisão, se eram eles que faziam do futebol um esporte rentável para todos. Sair da divisão principal do futebol significaria perda de prestígio e morte financeira. Diante deste quadro, os "grandes" resolveram ativar a "voz" no interior da METRO.

No início de 1924, os "grandes", liderados pelo Fluminense, desejavam mudar a correlação de forças no interior da METRO, e assim formularam suas reivindicações. Com base no critério do desenvolvimento material e da cultura esportiva, pleitearam direitos especiais na METRO. A exigência dos "grandes", ainda que falasse de desenvolvimento de uma cultura esportiva generalizada, estava pautada na lógica de solicitar proteção e tratamento diferenciado na medida em que eles se sentiam investindo mais do que os clubes pequenos. Seus argumentos baseavam-se no maior número de torcedores que possuíam e no fato de cederem os estádios para que o campeonato ocorresse. Suas reivindicações de certa forma se assemelham à da indústria brasileira em relação aos produtos importados. Os industriais brasileiros pedem proteção ao Estado e redução de impostos por gerarem empregos, e pedem para sobretaxar os produtos importados, muitas vezes ao custo da ineficiência. Os "grandes", por seu desenvolvimento e tradição, também não queriam ficar expostos à ineficiência em um determinado esporte, principalmente no futebol, e cair para uma divisão inferior (os casos do Botafogo e do Fluminense, acima citados, indicam que os grandes não queriam correr riscos). Se os "grandes" faziam o esporte, não podiam ficar à mercê do azar em relação aos times pequenos e de várzea, já que estes tinham os mesmos direitos e poderes de decisão no interior da METRO. Neste sentido, os "grandes" realizaram um projeto de reforma no sentido de lhes assegurar vantagens e direitos especiais, mas os "pequenos" derrubaram a proposta em assembleia. Os "pequenos" não estavam dispostos a abrir mão do poder que tinham conquistado. Lembremos que o Vasco, ainda na METRO, só discordava dos "grandes" quanto à diferenciação do direito de discussão e voto. Quanto à eliminatória olímpica, não fazia nenhuma objeção.

Os "grandes" não se conformaram com a derrota na METRO e criaram a AMEA. A nova entidade teria invertido o jogo na configuração do esporte carioca. Com a "saída" dos principais clubes da METRO, essa entidade estaria desprestigiada e quase arruinada financeiramente, segundo as versões dos jornais da época. Os principais estádios de futebol pertenciam aos "grandes"; as maiores torcidas, que engrossavam as rendas, também. Diante deste cenário, apesar dos "grandes" fundarem a nova entidade de acordo com os seus interesses, vários clubes, dentre eles o Vasco e o Andarahy, solicitaram seu ingresso na AMEA.

Tudo parecia ir bem até que a comissão organizadora da AMEA decidiu que os jogos aos domingos seriam privilégio (financeiro) garantido aos sócios-fundadores, aqueles que tinham assinado a ata de fundação da entidade. Com esse fato surge um novo conflito no interior da recém fundada AMEA. O Vasco e o Andarahy desligaram-se e retornaram à METRO.

Pelos dados levantados e pela reconstrução da trama das dissidências em 1924, fica difícil aceitar a hipótese do racismo como motivador primário dos conflitos em questão e, principalmente, como o motivo da fundação da AMEA. Deve-se destacar que não encontramos nenhum dado empírico ou declaração racista explícita nos jornais da época ou no texto de Mário Filho. A hipótese racista, como motor das dissidências, é enfraquecida quando o próprio Mário Filho diz que os negros do Bangu teriam sido aceitos na AMEA porque sobre eles não existiam dúvidas quanto ao amadorismo. (Observe-se que a condição amadora dos jogadores do São Cristóvão também foi questionada, mas seu presidente reverteu a situação junto à AMEA e os jogadores sob suspeita integrantes da equipe em 1924 participaram do campeonato dessa entidade. (Cf. Rodrigues Filho, 1964, p.136-7.) Por que os negros do Bangu foram aceitos sem contestação e negros de outros clubes poderiam ser colocados sob suspeita? A resposta está em Mário Filho: os negros do Bangu eram operários da fábrica têxtil Progresso Industrial Ltda., localizada no bairro que deu o nome ao clube. Entretanto, qualquer negro, sem nome familiar ou profissão de prestígio, que aparecesse para jogar em time da primeira divisão tinha sua condição de amador colocada sob suspeita. Não se pode esquecer que a maioria dos negros e mestiços daquela sociedade ocupava posições inferiores e empregos subalternos.[36] A lógica "quanto melhor condição social e econômica, maior a probabilidade do jogador ser amador" provavelmente governava as percepções dos dirigentes esportivos. Assim, é provável que a desconfiança fosse maior em relação aos negros sem sobrenome de prestígio. Sobre um Joaquim Prado, membro de tradicional família paulista, negro e jogador do requintado Paulistano, não pairaria dúvida quanto a sua condição de amador (Rodrigues Filho, 1964, p.136-7). A hipótese racista, sem dados, torna-se no máximo lateral, mesmo se interpretarmos que a cor ou "raça" fosse, para os membros da AMEA, um motivo de suspeita da condição social do jogador de origem familiar desconhecida, pelo preconceito que associa raça e classe social.

A discussão do "ethos" amador fazia parte de uma configuração no cenário esportivo da época e de outras esferas de atuação social. Lembre-se que Maquiavel já descrevia as vantagens do exército formado por soldados "amadores" em relação aos mercenários, na conquista e manutenção dos principados. Na esfera da política, o debate sobre amadorismo "versus" profissionalização dos políticos não era novo, assim como no campo da arte. No campo esportivo a discussão estava na pauta dos jornais. O Paiz de 27 de fevereiro de 1924 divulgava que a Associação Paulista, na sua última assembleia, teria aprovado uma definição para o amadorismo; em 6 de março, o mesmo periódico publicava "A Remodelação da Federação Internacional de Futebol", matéria que comentava que o Congresso de Paris buscava uma definição para o amadorismo. Em 19 do mesmo mês, 'O Imparcial' afirmava que a decisão da Associação Paulista fora certa em exigir do jogador de futebol comprovação de profissão lícita e certa, título de eleitor e atestado de residência pelo menos há seis meses na cidade. Se utilizarmos o modelo de Elias, o ideal amadorístico pode ser pensado como reação ou resposta dos "de cima" à pressão que os "de baixo" passaram a exercer no campo esportivo (Elias, 1993, p.248-62). De fato, o processo de profissionalizar atividades vinculadas ao âmbito do lazer, da religião e da política já vinha de longa data e os eventos em questão parecem fazer parte desse processo.

O que se está argumentando é que as dissidências de 1924 foram parte do processo de profissionalização do futebol, num contexto tenso em que o amadorismo ainda era um valor que servia de mecanismo de resistência das elites que governavam o esporte, no Brasil e em outros países. Observe-se, por exemplo, que a própria AMEA apresentava no seu Estatuto objetivos aparentemente contrapostos: pretendia vulgarizar a prática dos esportes e manter o "ethos" do amadorismo.[37] Assim, o processo de dissidências e crises deve ser entendido pela dinâmica interna das instituições desse tipo (clubes e associações), onde seus membros podem exercer o direito de "voz" ou de "saída" quando se sentem descontentes ou contrariados em seus interesses ou direitos. A AMEA, pelo exposto até aqui, representa a "saída" dos "grandes" que estavam descontentes com a METRO; a resistência das elites ao processo de profissionalização do esporte; e/ou uma forma de garantir direitos especiais de permanência dos "grandes" na série principal do futebol (esporte que garantia rentabilidade aos clubes). Entretanto, não podemos pensar o racismo como o motivador dos eventos em tela a partir dos indícios que temos à mão.

A "heroica" trajetória do Vasco nos anos 20 ganha sentido dramático quando cruzada com a perseguição racial que tem sua suposta prova na fundação da AMEA. A vitória inquestionável do Vasco em 1923 não teria esse tom dramático se simplesmente pensássemos que aquela equipe foi montada com excelentes jogadores dedicados quase que exclusivamente ao futebol, isto é, que viviam sob uma estrutura semiprofissional bem sucedida em relação aos demais. Não teria o charme que tem caso aqueles que se nutrem de Mário Filho estivessem atentos à própria narrativa de seu inspirador, quando descreve que a equipe do Vasco era treinada exaustivamente por Platero e os jogadores eram superiores em termos de preparação física. Argumentos dessa natureza não serviriam para realizar um discurso épico do negro ou da mistura racial, com a roupagem do politicamente correto, como o que é apresentado nos artigos acadêmicos sobre o futebol (Cf. Soares, 1999). Por esta razão, a história do Vasco, para ganhar seu conteúdo dramático na fundação da AMEA, coloca o racismo em destaque e secundarizando o debate do amadorismo.

O que tentamos demonstrar é que a "heroica" trajetória do Vasco na luta contra o racismo na década de 20 é uma tradição inventada, é uma história de identidade (Hobsbawm, 1998). Sua origem está em Mário Filho, e a continuidade dessa tradição está na boca dos aficionados pelo Vasco, na imprensa e nos textos acadêmicos que tratam a referida história. Os recortes, as ênfases, os esquecimentos são reveladores dos mecanismos de construção da memória coletiva e da identidade. Os limites entre história social, história das mentalidades e história de identidade são confusos e interpenetram-se. Mas isto não significa que uma mentalidade ou identidade informe exatamente o que se passou em um determinado evento ou trama específica. A "história" de racismo e perseguição da AMEA aos negros e mestiços do Vasco em 1924 tem, no máximo, servido à construção de um discurso acadêmico politicamente correto, cuja eficácia é apenas de reforço da identidade positiva dos vascaínos. Para concluir, reforçamos que a crise vivida no futebol carioca nos anos 20 fazia parte de uma configuração mais ampla do esporte; e que não se limitava ao Brasil. A popularização do futebol, seu processo de transformação em negócio e em profissão estava tencionado pelos valores amadorísticos ou aristocráticos do esporte.

Referências bibliográficas

BOURDIEU, P. *Questões de sociologia.* Rio de Janeiro, Marco Zero, 1983.

CALDAS, W. *O pontapé inicial: memória do futebol brasileiro.* São Paulo, Ibrasa, 1990.

CORRÊA, L.H. Racismo no futebol brasileiro. In: Diegues, G.K. (org.). *Esporte e poder*. Petrópolis, Vozes, 1985.

ELIAS, N. *O processo civilizador: formação de Estado e civilização.* Rio de Janeiro, Jorge Zahar, 1993.

ELIAS, N.; DUNNING, E. *A busca da excitação*. Lisboa, DIFEL: 1992.

FREYRE, G. *Sobrados e mucambos: decadência do patriarcado rural e desenvolvimento do urbano.* 6.ed. Rio de Janeiro, José Olympio, 1996.

GORDON JR., César C. "História Social dos Negros no Futebol Brasileiro". *Pesquisa de Campo/Revista do Núcleo de Sociologia do Futebol/UERJ.* Rio de Janeiro. 2: 71-90, 1995.

_____. "'Eu já fui preto e sei o que é isso', História Social dos Negros no Futebol Brasileiro: segundo tempo". *Pesquisa de Campo/Revista do Núcleo de Sociologia do Futebol/UERJ.* Rio de Janeiro. 3/4: 65-78, 1996.

HELAL, R. *Passes e impasses: futebol e cultura de massa no Brasil.* Petrópolis, Vozes, 1997.

HIRSCHMAN, A. *Saída, voz e liberdade: reações ao declínio de firmas, organizações e estados.* São Paulo, Perspectiva, 1973.

HOBSBAWM, E. A produção em massa de tradições: Europa, 1789 a 1914. In: Hobsbawm, E.; Ranger, T. *A invenção de tradições.* Rio de Janeiro, Paz e Terra, 1997.

_____. *Sobre história.* São Paulo, Companhia das Letras, 1998.

LEITE LOPES, José S. "A vitória do futebol que incorporou a Pelada". *Revista da USP, Dossiê Futebol.* São Paulo, 22 (jun, jul, ago): 64-83, 1994.

MANDELL, R.D. *Historia cultural del deporte.* Barcelona, Edicions Bellaterra, 1986.

MATTOS, C. *Cem anos de paixão: uma mitologia carioca no futebol.* Rio de Janeiro, Rocco, 1997.

MAZZONI, T. *História do futebol Brasil.* São Paulo, Edições Leia, 1950.

MURAD, Maurício. "Corpo, Magia e Alienação – o negro no futebol brasileiro: por uma interpretação sociológica do corpo como representação social". *Pesquisa de Campo/Revista do Núcleo de Sociologia do Futebol/UERJ.* Rio de Janeiro, 0: 71 – 78, 1994.

_____. "Futebol e Violência no Brasil". *Pesquisa de Campo/Revista do Núcleo de Sociologia do Futebol/UERJ.* Rio de Janeiro, 3/4: 89-103, 1996.

RODRIGUES FILHO, Mário. *O Negro no Futebol Brasileiro* (Prefácio de Gilberto Freyre).Rio de Janeiro: Irmãos Pongetti Editores, 1947.

_____. *O Negro no Futebol Brasileiro*. São Paulo: Civilização Brasileira, 1964.

SCHER, A. & PALOMINO, H. *Fútbol: pasión de multitudes y elites: un estudio institucional de la Asociación de Fútbol Argentino (1934-1986)*. Buenos Aires, CISEA, 1988.

SANTOS, J.R. *História política do futebol brasileiro*. São Paulo, Brasiliense, 1981.

SOARES, Antonio Jorge. *Futebol raça e nacionalidade no Brasil.- releitura da história oficial*. Rio de Janeiro, 1998. Tese (Doutorado em Educação Física) – Programa de Pós-graduação em Educação Física, Universidade Gama Filho, 1998.

_____. História e a invenção de tradições no campo do futebol. *Estudos Históricos – Esporte e lazer* (v.13). n.23: 119-146, 1999.

VEYNE, P. *Como se escreve a história: Foucault revoluciona a história.*

Brasília, UNB, 1995.

[1] Cf. **Jornal do Brasil**, Rio de Janeiro, 2 nov. 1997, Revista de Domingo, n.1122, p.20.

[2] O conceito "clube de brancos" é cunhado por Mário Rodrigues Filho no livro "O negro no futebol brasileiro" (1947, 1964). O conceito se relativiza e se afrouxa no âmbito do próprio texto de Mário Filho quando ele cita negros e mulatos que povoavam os clubes de elite.

[3] **O Paiz**, Rio de Janeiro, 14 fev. 1924.

[4] A designação de grandes clubes perdura até nossos dias, refere-se aos clubes que possuem tradição de vitórias no campo esportivo – principalmente no futebol –, instalações apropriadas para a prática de esportes e um grande número de afiliados e torcedores.

[5] **Correio da Manhã**, Rio de Janeiro, 13 fev. 1924, p.5.

[6] Ibidem.

[7] **Correio da Manhã**, Rio de Janeiro, 15 fev. 1924, p.5.

[8] Ibidem.

[9] Observe-se que a aristocracia sempre criticou em termos gerais a burguesia pela busca obsessiva da sobrevivência e da acumulação. Entretanto, quando a burguesia se apropria do esporte tenta seguir os mesmos padrões da aristocracia nessa esfera social.

[10] **Correio da Manhã**, Rio de Janeiro, 15 fev. 1924.

[11] **Correio da Manhã**, Rio de Janeiro, 20 fev. 1924. p. 2.

[12] Ibidem.

[13] Fluminense, Botafogo, Flamengo, América e Bangu.

[14] **Correio da Manhã**, Rio de Janeiro, 22 fev. 1924, p. 7.

[15] Idem, p. 5.

[16] Ibidem.

[17] **Correio da Manhã**, Rio de Janeiro, 1 mar. 1924, p.5.

[18] **O Paiz**, Rio de Janeiro, 1 mar. 1924, p.10.

[19] Ibidem.

[20] **O Imparcial**, Rio de Janeiro, 1 mar. 1924, p.12.

[21] **O Paiz**, Rio de Janeiro, 7 mar. 1924, p.7.

[22] **Correio da Manhã**, Rio de Janeiro, 29 mar. 1924. **O País**, já publicava, desde 11 de março de 1924, uma síntese dos estatutos e regulamentos da AMEA.

[23] Artigo 5o., parágrafo 4o. do estatuto.

[24] **O Paiz**, Rio de Janeiro, 11 mar. 1924.

[25] Idem, Rio de Janeiro, 9 mar. 1924, p.9.

[26] Ibidem, Rio de Janeiro, 12 mar. 1924, p.7.

[27] Ibidem, Rio de Janeiro, 7 abr. 1924, p.2.

[28] Ibidem, Rio de Janeiro, 6 abr. 1924, p.10. O clube não é mencionado, o boato tanto poderia ser em relação ao Vasco, ao São Cristóvão ou qualquer outro clube.

[29] Ibidem, Rio de Janeiro, 7 abr. 1924, p.2.

[30] Ibidem, Rio de Janeiro, 9 abr. 1924, p. 7.

[31] **O Correio da Manhã**, Rio de Janeiro, 17 abr. 1924. p. 8, 19 abr. 1924, p.6.

[32] **O Paiz**, Rio de Janeiro, 16 abr. 1924, p. 8.

[33] **O Paiz,** Rio de Janeiro, 19 abr. 1924, p.11.

[34] Ibidem.

[35] Ibidem.

[36] Os negros no Brasil ainda hoje encontram-se em estado de desigualdade social e econômica em relação aos brancos, mesmo levando em conta a dificuldade de classificação racial nos censos brasileiros.

[37] **Correio da Manhã**, Rio de Janeiro, 29 mar. 1924.

O FUTEBOL É FOGO DE PALHA: A "PROFECIA" DE GRACILIANO RAMOS*

Antonio Jorge Soares

Hugo Lovisolo

Introdução

Todas as vezes que o futebol é tratado como elemento cultural, surge algum articulista que nos lembra dos intelectuais que, no início do século, falharam em suas profecias sobre o futebol. Um intelectual habitualmente lembrado, por sua expressão contestatória, é Gracialiano Ramos. Ele escreveu uma crônica, *Traços a Esmo,* em 1921, publicada em *O Índio*, do município de Palmeira dos Índios-AL, sob o pseudônimo de J. Calisto. [1] Essa crônica foi republicada e comentada várias vezes, apresentando-se o romancista como descrente das possibilidades do futebol se tornar parte da paisagem dos "sertões".

Faremos neste texto dois movimentos. No primeiro, tentaremos apresentar a aliança no modo de pensar de Graciliano que o levou a realizar profecias erradas sobre o futebol. No segundo, mostraremos que, talvez, o texto viesse a ser melhor entendido se o futebol fosse visto meramente como instrumento retórico para Graciliano expor suas críticas românticas à cidade, e suas críticas ao comportamento político das elites brasileiras -do coronel do sertão ao presidente da república. É importante esclarecer que o ensaio aqui apresentado se

* Este artigo foi originalmente publicado na Revista Pesquisa de Campo, n° 5, Núcleo de Sociologia do Futebol/UERJ, 1997.

propõe a analisar esta crônica de Graciliano nos limites da autonomia literária que o texto possui. Não se pretende verificar as interfaces de *Traços a Esmo* com a obra de Graciliano e, muito menos, com a personalidade do romancista.

O leitor poderá, ao longo da análise, observar que a retórica romântica utilizada por Graciliano é a forma de analisar "velhos" problemas sociais, políticos e culturais, ainda presente entre nós.

Corpo flácido, preguiça e alienação

O autor, no início de sua crônica, começa afirmando que a introdução do "futebol nesta terra", "vai ser bem recebida pelo público que, de ordinário, adora novidades". Entretanto, para ele, será apenas uma mania passageira, uma moda fugaz, que não durará um mês. Essa profecia é descrita através da expressão *fogo em palha*, pela qual pensa que o futebol apenas provocará uma curta excitação geral e nada mais. O tom irônico perpassa toda a crônica, tanto ao falar dos espíritos, quanto dos corpos, como também das manias políticas e culturais. Graciliano encontra no futebol um bom instrumento de retórica. Por exemplo, utiliza a figura do tísico como um chiste para dizer que apenas alguns indivíduos com esta doença, que mal conseguem chutar uma bola, se entusiasmarão pelo futebol. Na figura do tísico, retrata com ironia uma sociedade fraca e doente, tanto ideologicamente quanto do ponto de vista da saúde, doente de corpo e de espírito.

Graciliano argumenta que o futebol é *fogo de palha* porque a cultura física "está entre nós" totalmente abandonada. Apenas teriam esportes de caráter regional, que são batizados com "língua de preto", mas que são abandonados pela "débil mocidade". O que existe na cultura dos jogos "esportivos" estaria apenas nas brincadeiras de "sapatadas, cascudos e safanões" que, "quando crianças trocamos uns com os outros". Afirma que as crianças não fazem nenhum exercício. Por essa razão, conclui,

"...somos, em geral, franzinos, mirrados, fraquinhos, de uma pobreza de músculos lastimável. (...) fisicamente falando, somos uma verdadeira miséria. Moles, bambos, murchos, tristes-uma lástima! Pálpebras caídas, beiços caídos, braços caídos, um caimento generalizado que faz de nós um ser desengonçado, bisonho, indolente, com ar de quem repete, desenxabido e encolhido, a frase pulha que se tornou popular: Me deixa".

O autor apresenta a fotografia da sociedade em que vive. Reclama que "entre nós", por ignorância ou por falta de decisões políticas, não se tem ainda uma educação para o corpo, o que torna o perfil físico da população doente e preguiçoso no adágio "me deixa". Graciliano parece aproximar-se da velha máxima de Rousseau: um corpo débil comanda o indivíduo, um corpo forte é comandado. Admoesta, "precisamos fortalecer a carne que a inação tornou flácida, os nervos, que excitantes estragaram, os ossos que o mercúrio escangalhou". Chama também a "mocidade de débil" por abandonar as tradições e as coisas regionais. A tensão do interior vs. capital, nacional vs. estrangeiro é retomada, mais à frente, por Graciliano e por nós.

No mesmo contexto, diz que a única parte do organismo que desenvolvemos são as orelhas, "graças aos puxões maternos", concluindo que ter orelhas grandes não serve para muita coisa, na medida em que, o burro, possui "consideráveis apêndices auriculares, o que não impede que o considerem, injustamente, o mais estúpido dos bichos". A ironia agressiva retoma a questão da falta de consciência crítica da população, o perfil corporal debilitado, enfim, faz o seu diagnóstico da realidade regional e brasileira.

Futebol não se adapta a estas boas paragens do cangaço: interior e capitais

A crítica e desconfiança de Graciliano sobre o futebol não está relacionada com um xenofobismo cego, que uma leitura desatenta da crônica poderia enfatizar. Antes de tudo, o autor demonstra que tinha uma concepção sobre o processo de apropriação cultural, ao afirmar:"não é que me repugne a introdução de coisas exóticas entre nós. Mas gosto de indagar se elas serão assimiláveis ou não". Sua noção é a de que um objeto cultural de um país ou região só se adapta a outra cultura caso "se harmonize com a índole do povo que o vai receber, mas que o lugar a ocupar não esteja tomado por outro mais antigo, de cunho indígena. É preciso, pois, que vá preencher uma lacuna, como diz o chavão." Isto significa que, para sua incorporação, o futebol deveria se tornar um "filho híbrido", em outras palavras, deveria assumir características da cultura local. Observemos o texto a seguir: "No caso afirmativo, seja muito bem vinda a instituição alheia, fecundemo-la, arranjemos nela um filho híbrido que possa viver cá em casa." Nesta direção o futebol é o tema no qual Graciliano discute sua noção de cultura e do processo de apropriação cultural.

Graciliano errou fatualmente, e muito. O futebol assentou raízes duradouras no Brasil, não foi moda passageira e, mesmo, passou a formar parte da paisagem do sertão e do Oiapoque ao Chuí. Porque ele errou?

A resposta pode ser encontrada no modo de pensar ou, se preferir, na mecânica de sua argumentação. Seu modo de argumentação é de cara funcionalista, como grande parte da reflexão inspirada no cientificismo de seu tempo, e baseia-se na correspondência entre uma realidade nacional ou regional e uma instituição. Ademais, congela a tradição e sua renovação, fecha os processos de resignificação e, por último, opera, formalmente, ignorando as características singulares do objeto a ser integrado, no caso, o futebol. Temos, assim, na aliança entre funcionalismo com uma visão mecanicista da tradição e a ignorância das singularidades do esporte em pauta, o motor de seu erro.

Merece ser comentada e mostrada essa aliança, pois, ainda hoje, continua sendo a base de entendimentos da dinâmica social e, em particular, da dinâmica da inovação e dos esportes.

Entendemos que seu pensamento é funcionalista ou adequacionista porque: a) parte do pressuposto de que o futebol, ou qualquer outra instituição estrangeira, apenas pode ser incorporada se é funcional, adequada ou se corresponde com a índole do povo ou da cultura receptora, com suas necessidades ou demandas[2], e b) quando o lugar a ocupar não esteja tomado por outro mais antigo, de cunho indígena. Há, então, uma lógica da adaptação que remete a duas condições, que indicam apenas como possíveis: o preenchimento de necessidades ou o desenvolvimento de potencialidades preexistentes. Não há, portanto, lugar para o novo, para a ruptura, para a inovação em sentido estrito. O passado cultural escreve o presente. A tradição carrega-se das forças do determinismo e apenas poderíamos aprofundá-la, desenvolvê-la e fazê-la crescer. O observador, neste caso Graciliano, sabe quais são as características da cultura, de sua cultura, e, portanto, pode diagnosticar como e quando um costume ou instituição estrangeira pode ser assimilada. Temos então a junção de um romanticismo, que pensa cada cultura como singular, com um cientificismo funcionalista, que acredita que o conhecimento é base da predição. Se nos remetermos aos debates mais simplificadores sobre a questão cultural, na temática da globalização, poderiámos ver o espírito das ideias de Graciliano ainda presente entre nós.

Embora o princípio adequacionista ou funcionalista possa ser aceito como guia de pesquisa, torna-se meramente formal quando as singularidades de ambos lados – funções ou correspondências – não são estabelecidas. Na verdade, Graciliano acredita que conhece as singularidades culturais dos povos dos sertões. Apresenta essas singularidades como evidentes, ele está no sertão, publica no local, é do lugar, o que o faz sentir-se com absoluta autoridade para dizer-nos como o povo é. Contudo, ele não pensa nem o futebol, nem suas possibilidades de difusão na cultura dos sertões. O crítico Graciliano, neste caso, é movido pelo preconceito. Apenas descreve o futebol como esporte estrangeiro, que pode ser moda passageira, e aceito somente no clima desorganizado das cidades. Graciliano ignora também aquilo que hoje é mais ou menos evidente: o magrinho orelhudo, o baixinho de pernas tortas, o grandalhão desengonçado, o atarracado forte, o apolíneo e até o barrigudinho podem ser craques de futebol.

Isso porque a dinâmica do futebol permite que as desigualdades corporais sejam compensadas por outras habilidades, algumas das quais têm mais a ver com a "cabeça", a visão e os pés, do que Graciliano podia entender, pois, já tinha sua opinião preconcebida. Ou será que para Graciliano o futebol é mero instrumento para outra coisa?

Do futebol à crítica da cidade: liamba e drogas pesadas

Para ele, o futebol não preencheria nada, jamais se adaptaria "as paragens do cangaço", era "roupa de empréstimo" que não serviria para a população do sertão (interior). Além do mais, naquelas regiões, ele descreve que já se tem a "bola de palha de milho, que nossos amadores mambembes jogam com uma perícia que deixaria o mais experimentado *sportmam* britânico de queixo caído". Na verdade, este argumento de Graciliano poderia ser lido como potencialidade latente em relação à apropriação do futebol. Contudo, decidiu apenas registrar a hipótese desfavorável: o lugar já estaria tomado ou preenchido.

"O futebol não pega, tenham a certeza. Não vale o argumento de que ele tem ganho terreno nas capitais de importância", profetizava Graciliano. Aqui, o autor se situa na fronteira, não existe uma nação no Brasil da época, existem *brasis* com características culturais totalmente diferentes.

Para ele, o argumento de que nas capitais o esporte tem conquistado espaço não vale, na medida em que "as grandes cidades estão no litoral; isto aqui é diferente, é sertão", afirma enfaticamente. Assim, a imagem romântica que permeia o texto é a de que a identidade do sertão é sólida, enquanto a identidade citadina é fluida, principalmente, por sua característica multirracial. Observemos o texto: "As cidades regurgitam de gente de outras raças ou que pretende ser de outras raças[3]; nós somos mais ou menos botocutos, com laivos de sangue cabinda ou galego". A ideia de que a identidade da cidade é fluida, faz aparecer, mais uma vez, figuras presentes em Rousseau e na tradição romântica, quando afirma que as pessoas podem simular sua origem racial e, portanto, social. A lógica é a de que a multidão é anônima, ela esconde as "origens". Por outro lado, ao afirmar "nós somos mais botocudos" com traços de sangue cabinda e galego, o autor está afirmando que são reconhecidas as origens da identidade cultural e étnica no sertão: são nativos (botocudos, indígenas) com sangue africano (Angola, Região Cabinda) e galego.

A crítica, de direção romântica, continua quando o autor descreve que até os vícios do sertão são mais simples ou talvez mais "puros". Para Graciliano, na cidade os vícios com drogas são extremamente sofisticados, enquanto no sertão a droga é a liamba, a maconha (observe-se, de passagem, que antigos são os "problemas" apresentados como novos). Isto indica que, até nos problemas sociais, como a droga, existe descompasso entre a cidade e o campo. "Nas cidades os viciados são elegantes, absorvem o ópio, a cocaína, a morfina; por aqui há pessoas que ainda fumam liamba", afirma Graciliano.

A forte identidade do sertão não deixa, portanto, que um objeto cultural desvinculado do contexto seja apropriado (a liamba ou maconha seria portanto nativa do sertão?). A cidade, por ser multirracial, e consequentemente multicultural, tem identidade frágil (e até poderia não existir?). Essa é uma das causas que leva os citadinos a absorverem qualquer nova moda ou prática cultural, nesta visão na qual Graciliano antecipa que "estrangeirices não entram facilmente na terra do espinho. O futebol, o boxe, o turfe, nada pega." À ideia sobre a profundidade das raízes culturais do sertão, opõe-se a superficialidade que compõe o perfil da população citadina.

O futebol aparece, portanto, no contexto de Traços a Esmo para servir de instrumento para a sua crítica romântica da cidade. O futebol, assim, poderia ser pensado como mero pretexto para o exercício da crítica de Graciliano à vida da cidade.

Crítica às relações sociais e políticas: a rasteira é o esporte nacional

Já na primeira parte da crônica, o autor traz à tona a ideia de que é muito bom estimular o cérebro, mas destila com ironia a constatação de que esta atitude não seja muito proveitosa no contexto em que se vive. Não adianta desenvolver inteligência e argumentos onde a força é o "argumento". Diante deste fato cultural, para Graciliano, bom mesmo seria "consolidar o muque", para persuadir um opositor um adversário com os "argumentos de substância" de um bom soco. Como diz, "com um punho cerrado diante do nariz, cabeludo e ameaçador, é magnifico" para convencer um adversário. Talvez o autor esteja metacomunicando que o caminho da mudança passa por um punho poderoso, então, pela unidade e a violência concentrada que a imagem do punho cerrado evoca.

Ao final da crônica o autor retoma esta ideia de que a força e os músculos devem ser desenvolvidos.

> *"Desenvolvam os músculos, rapazes, ganhem força, desempenem a coluna vertebral. Mas não é necessário ir longe, em procura de esquisitices que têm nomes que vocês nem sabem pronunciar.*
>
> *Reabilitem os esportes regionais, que aí estão abandonados: o porrete, o cachação, a queda de braço, a corrida a pé, tão útil a um cidadão que se dedica ao arriscado ofício de furtar galinhas, a pega de bois, o salto, a cavalhada e, melhor que tudo, o cambapé, a rasteira.*
>
> *A rasteira! Este, sim, é o esporte nacional por excelência!*
>
> *Todos nós vivemos mais ou menos a atirar rasteira uns nos outros. Logo na aula primária habituamo-nos a apelar para as pernas quando nos falta a confiança no cérebro – e a rasteira nos salva."*

Graciliano critica as relações políticas e de outras esferas sociais quando afirma que os jovens devem aprender a rasteira e não o futebol. A rasteira é o esporte nacional. Assim, este "esporte" teria muito mais utilidade na sociedade em que vivemos. Sua crítica se universaliza, pois do presidente da República ao coronel da roça, todos praticam a rasteira. Assim, para o romancista, os argumentos justos e inteligentes não são de muita valia aqui nesta terra onde impera o poder autoritário de uma elite ignorante. Seria este mais um aspecto do romantismo de Graciliano?

Às luzes da razão, os argumentos justos e inteligentes não se adequariam à cultura brasileira. A ironia aparece como manto de seu desencanto e o romanticismo como refúgio.

Concluindo, a leitura de Graciliano sobre a realidade social brasileira de sua época é interessante como crítica as relações escusas e malandras que se travavam na vida pública. É interessante para que sintamos que muitas coisas que o incomodam em seu tempo ainda estão presentes nos debates da política nacional. Ele aponta que não existe possibilidade de cidadania numa sociedade onde as regras e a justiça funcionam como fachada e a rasteira é o comportamento nacional. Entretanto, Graciliano falhou em sua profecia ao afirmar que o futebol não "pegaria" no sertão. Falhou porque não analisou que o futebol, em sua estrutura de jogo, apresentava um modelo mais democrático que as próprias instituições brasileiras de sua época. Não atentou que as regras do jogo de futebol são para todos. Não quis ver, mas sabia, que os "sertões" também existiam nas periferias das cidades. Por exemplo, os problemas das endemias e epidemias que atingiam o sertão também atingiam as cidades, como podemos ver na emblemática frase do médico Afrânio Peixoto que "os sertões" no Distrito Federal começavam quando terminava a Avenida Central, hoje chamada de Avenida Rio Branco.[4] E apesar de existirem "sertões" nas periferias do Rio de Janeiro, será que Graciliano, em 1921, ignorava a expansão do futebol nos clubes de zona norte que se formavam em cada esquina, em cada botequim, nesse período? Será que Graciliano desconhecia a popularização do jogo de futebol, que se materializava através da presença de operários subalternos competindo e participando de times e campeonatos com membros das elites? Ignoraria que o futebol ocupava os terrenos baldios no Distrito Federal? Na verdade, um homem culto como Graciliano não podia ignorar que essas informações estavam presentes nos jornais pelo menos desde 1915.[5]

O futebol "colou" e não foi *fogo de palha*. Talvez por ser um dos poucos espaços sociais que nasceu para as elites e do qual as camadas populares se apropriaram rapidamente, reivindicando o direito de igualdade diante do jogo de futebol, valor esse que não existia em outras esferas sociais. "Colou", talvez, por ser uma das poucas experiências de participação cultural democrática numa República que se formou sem permitir a participação popular na esfera altamente significativa da política.[6] O futebol "colou" não porque se tornou um filho híbrido, embora o discurso sobre o futebol tenha ajudado a construir sua identidade nacional, seu perfil autóctone. "Colou", talvez, para se contrapor às críticas desencantadas do romancista à sociedade e à cidade?

---

[1] O texto integral foi retirado de uma republicação realizada pelo periódico O Estado de São Paulo, no Caderno D/Especial-Domingo, em 17 de abril de 1994, pág. 2, por ocasião do ano que ocorreu a última Copa do Mundo. O artigo consta em anexo para que o leitor possa recorrer caso julgue necessário.

2Este temor de incorporar elementos da cultura estrangeira pode ser vivido como perda de identidade própria, entretanto, o grande paradoxo do Brasil é que o futebol, elemento cultural importado, foi utilizado como elemento construtor da identidade brasileira.

3Observe-se que Graciliano faz críticas as pessoas que desejam dissimular ou se fazer parecer de outra raça. Graciliano se referia, provavelmente, aos mestiços e mulatos que desejavam se passar por brancos, assim assumia uma postura crítica em relação àqueles que não assumiam sua identidade étnica ou racial. O texto não permite afirmar que o autor está rejeitando a tese do branqueamento, em voga na época, entretanto, a imagem multirracial da sociedade é tomada como elemento construtor da identidade (botocudos, cabindas e galegos). Ver Skidmore, Thomas – O Brasil visto de fora, Rio de Janeiro, Paz e Terra, 1994 – que trabalha com os construtores da identidade nacional por meio do discurso das raças, especialmente no capítulo I – Construindo uma identidade nacional, pp. 7-88.

4 Cf. Hochman, Gilberto. Regulando os efeitos da interdependência: sobre as relações entre saúde pública e construção do Estado (Brasil de 1910-1930), In: Estudos Históricos, nº 11- Os Anos 20, jan-jun, 1993.

5 Cf. Herschemann e Lerner. O Futebol e o Jogo de Bicho na Belle Époque Carioca. Rio de Janeiro: Diadorim, Ed., 1946. Cap. 3.

6 Cf. Carvalho, José Murilo. Os bestializados: O Rio de Janeiro e a República que não foi. São Paulo, Companhia das Letras, 1987.

AS IDEALIZAÇÕES DE SUCESSO NO IMAGINÁRIO BRASILEIRO: UM ESTUDO DE CASO*

Ronaldo Helal

Introdução

Os êxitos e conquistas de ídolos e celebridades despertam a nossa curiosidade. Suas trajetórias de vida rumo à fama e ao estrelato costumam ser narradas na mídia de forma mítica, conferindo uma maior dramaticidade às conquistas. No Brasil, estas narrativas das trajetórias de vida dos ídolos enfatizam sobremaneira a genialidade e o improviso como características marcantes e fundamentais para se alcançar o sucesso. Isto se torna ainda mais evidente nos universos das artes e dos esportes. Acredita-se, por exemplo, que as estrelas da música popular brasileira não precisam de muito "treino" ou "trabalho" para compor suas canções. O talento e a genialidade seriam suficientes. Outro exemplo, poderia ser o da seleção brasileira que conquistou o tricampeonato em 1970, até hoje idealizada como uma equipe que não precisava treinar e tampouco necessitava de recomendações táticas, quando sabemos que, na verdade, a comissão técnica utilizou métodos de condicionamento e preparação física dos mais modernos da época. Ou ainda o da seleção que conquistou o tetracampeonato em 1994, criticada por parte considerável da mídia justamente por deixar claro a ênfase em uma "marcação forte" e uma rígida disciplina tática.

---

* Este artigo foi originalmente publicado na Revista Logos, n° 10, Faculdade de Comunicação Social/UERJ, 1999. Ele apresenta resultados parciais do projeto "Meios de Comunicação, Idolatria e Cultura Popular no Brasil" desenvolvido pelo autor com apoio do CNPQ.

Mesmo vencedora, o trabalho do técnico da seleção até hoje não foi reconhecido, como não foram também os trabalhos dos técnicos das outras conquistas (Rocha, 1997).

Qual a relação das idealizações fazemos das nossas conquistas e do sucesso de nossos ídolos com os "mitos" de sua cultura? Por que "construímos" narrativas que mitificam o êxito e o sucesso sem a ênfase no trabalho e no esforço? Por que frisamos sempre que o aluno que passou em primeiro lugar no vestibular levou "uma vida normal, namorando, indo à praia ou ao cinema" em vez de dizer que ele estudou 8 horas por dia? Por que falar em "esforço" seria um demérito neste país? Não existiria também outros paradigmas de idealização de sucesso? E se eles existem, não seriam também vertentes brasileiras, mas pouco cultuadas? São estas questões que vão permear as reflexões deste artigo, que se propõe a analisar criteriosamente a idealização do sucesso contida na biografia do maior ídolos do futebol brasileiro nas décadas de 70 e 80: o atleta Zico, hoje um bem-sucedido empresário.

Ao tratar da biografia de um atleta esportivo, enfatizamos uma diferença básica entre ídolos deste universo e de outros, como música e dramaturgia. Enquanto os primeiros frequentemente possuem características que os transformam em heróis, os do outro universo raramente carregam estas qualidades. A explicação para este fato reside no aspecto agonístico, de luta, que permeia o universo do esporte. O "sucesso" de um atleta depende do "fracasso" do seu oponente. É uma competição que ocorre dentro do próprio universo do espetáculo. Ambos, ídolos do esporte e ídolos da música, se transformam em celebridades, porém, só os ídolos do esporte são considerados "heróis". Edgar Morin (1980) e Joseph Campbell (1995) chamam a atenção para a diferença entre celebridades e heróis. Enquanto os primeiros vivem somente para si, os heróis devem agir para "redimir a sociedade".

Esta característica do "ídolo-herói" acaba por transformar o universo do futebol em um terreno extremamente fértil para a produção de mitos e ritos relevantes para a comunidade. Dotados de talento e carisma, o que os singulariza e os diferencia dos demais, estes "heróis" são paradigmas dos anseios sociais e através das narrativas de suas trajetórias de vida, uma cultura se expressa e se revela. De fato, o mito, conforme nos ensina Eco é uma "projeção na imagem de tendências, aspirações e temores particularmente emergentes num indivíduo, uma comunidade, em toda uma época histórica" (1979: 239).

A quantidade de ídolos na história do futebol brasileiro é muito grande. Diferentes enquanto sujeitos, suas biografias podem ser agrupadas em alguns modelos ou arquétipos singulares, próprios da cultura. Enquanto paradigmas de alguns modelos de existência, as biografias destes heróis "editadas" pela mídia falam frequentemente de trajetórias recorrentes (Coelho e Helal, 1996). Assim, agrupar alguns modelos de ídolos do futebol brasileiro e investigar a edição "midiatizada" de suas trajetórias podem nos ajudar a entender melhor a relação entre mídia e cultura popular.

A escolha da biografia de Zico deveu-se ao fato de se tratar do maior ídolo do nosso futebol durante as décadas de 70 e 80 e estrela de uma geração de jogadores vitoriosos em seus clubes mas que não lograram êxito em Copas do Mundo[1]. Figura muitas vezes contestada quando saía do universo do Flamengo, a biografia de Zico fala da luta do "fraco" contra o "forte", da vitória através do trabalho e da determinação, e de uma sucessão de obstáculos e provações que ele teve que superar. Construída em uma época em que o futebol ainda não era um fenômeno totalmente "midiatizado", a narrativa da figura mítica de Zico é um emblema de um modelo que une profissionalismo com paixão, determinação com prazer, esforço com alegria de praticar o futebol. Inclusive, o filme "Uma Aventura do Zico" de Antônio Carlos da Fontoura, lançado em 1999, expressa exemplarmente estas junções presentes na biografia de Zico.

A análise concentra-se em duas biografias do atleta. Uma, "*Zico: Uma Lição de Vida*" escrita por Marcus Vinícius de Bucar Nunes e publicada em 1986 pela Offset Editora Gráfica e Jornalística, portanto com o jogador ainda em atividade e no auge da idolatria. A outra é "*Zico Conta a sua História*", escrita por ele mesmo e publicada em 1996 pela FTD, quando já era um bem-sucedido empresário do ramo futebolístico. Notemos que a FTD é especializada em livros dirigidos para o público juvenil. A publicação da biografia de Zico nesta editora revela a crença na importância da sua história para a formação do caráter.

Mito, Talento e Esforço

Esforço e determinação como elementos fundamentais para se alcançar êxito são, muitas vezes, relegados a um plano secundário nos discursos construídos pelos cronistas brasileiros inseridos nos universos das artes e dos esportes. No caso específico do futebol, chega a ser até uma crítica contundente chamar um jogador de "esforçado". Esta é uma maneira de se dizer que o sujeito não tem talento, porém se esforça. A forma oposta seria o talento puro, genuíno, inato, que não precisa de treino ou esforço para ser aprimorado, como se não fosse possível ser talentoso e esforçado ao mesmo tempo. Frequentemente, quando tratamos de ídolos do futebol brasileiro nos deparamos com uma narrativa que idealiza talentos inatos e irreverência como ingredientes do sucesso. A biografia de Zico fala de uma outra realidade, calcada primordialmente no predomínio do esforço e da determinação como instrumentos basilares para se alcançar êxito. É justamente esta faceta da biografia de Zico que gostaria de chamar a atenção, pois ela nega uma ideologia de sucesso cultuada no imaginário brasileiro quando se trata de ídolos futebolísticos. A partir daí podemos entender como as narrativas das biografias destes ídolos, além de possuírem vários aspectos recorrentes e semelhantes, fundamentais na construção da figura mítica do herói, carregam também elementos diferenciados que servem para formar paradigmas distintos e aparentemente antagônicos no imaginário brasileiro.

Assim, temos na biografia de Zico uma ênfase inicial no passado relativamente pobre e no prazer e talento inato em jogar futebol que surgiram bem no início da infância.

Nasci numa rua chamada Lucinda Barbosa, em Quintino, um subúrbio do Rio de Janeiro(Zico:7)Minha mãe tem horror a hospital e por isso deu à luz em casa, com a ajuda de uma parteira amiga da gente – bem como Dona Matilde queria e como muita gente da vizinhança fazia naquele tempo. Sou o caçula de uma família numerosa.(Zico, p.8)

Quintino, aquele bairro humilde da Zona Norte do Rio de Janeiro(...)A casa dos Antunes continua ali na rua Lucinda Barbosa, uma rua típica de cidade do interior(...)Lá no alto, a casa (...) simples, com aquela varanda, um pequeno jardim e um portão rangedor, que chiava sempre quando era aberto, avisando a chegada de alguém. (Bucar Nunes, p.15).

Futebol era o que mais me dava prazer na vida. Contam lá em casa que, depois de papai e mamãe, a primeira palavra que eu disse foi Dida – meu primeiro e até hoje meu maior ídolo no futebol (Zico, p.12)

Os seus brinquedos preferidos: a bola, depois a bola, e depois ainda, a bola(...)Nas peladas, onde o valor individual era demonstrado na hora da escolha dos jogadores de cada equipe, passou a ser preferido.

- Par ou ímpar?

- Par. Um, dois, três e já!

- Ganhei. Quero o Zico! (Bucar Nunes,p.17)

Geralmente, as biografias dos ídolos chamam a atenção para a infância pobre e o talento e a vocação como características inatas. Nisto a biografia de Zico não se diferencia das dos demais astros do esporte e até mesmo da música e do teatro, por exemplo. Em outra ocasião (Coelho e Helal, 1996), verificamos as mesmas características nas biografias do lendário jogador de beisebol Babe Ruth e da cantora Tina Turner. A ênfase na boa formação familiar de Zico é, no entanto, bem diferente das narrativas de Babe Ruth e Tina Turner, já que ambos tiveram perdas terríveis na infância. O fato é que a pobreza ou a infância simples ajudam na identificação com o homem comum, e o talento inato enquadra-se na ordem das coisas inexplicáveis, fazendo com que os ídolos sejam vistos como seres singulares, diferenciando-os dos demais. Assim, a infância simples e o talento como algo natural são facetas da história de vida de Zico que ajudam a humanizá-lo e mitificá--lo ao mesmo tempo. Em uma análise sobre a figura de Zico elaborada em meados da década de 80, o escritor Artur da Távola esclarece que:

> *Ele (Zico) despontou há alguns anos como o próprio herói da mitologia em sua primeira fase, chamada de "inocência", ou "alheamento", quando ainda é figura pura e sem mácula(...) A figura de comunicação de Zico presta-se à perfeição a essa primeira etapa; provém de uma família de subúrbio muito unida e amiga, vive no e para o lar, é um rapaz simples, incapaz de um gesto desleal e traz apenas o seu talento fora do comum para o futebol (a espada, o escudo ou o capacete ou a capa do herói). (Távola, 1985, p. 356).*

De fato, a biografia de Zico é permeada por um constante processo de junção entre o homem e o mito, o ordinário e o extraordinário, fundamental para a identificação do ídolo com os fãs. Neste sentido, ao dizer que Dida é até hoje seu maior ídolo no futebol, temos, mais uma vez, o Zico reverente, humano, ordinário. É o extraordinário, juntando-se ao ordinário, ao "homem comum" que tem seus ídolos e os reverencia. De fato, os ídolos tem que conviver constantemente com o drama de ser dois: o homem e o mito. Como no futebol é comum o jogador possuir um apelido (pelo qual é conhecido e famoso) podemos dizer, por exemplo, que por detrás dos "homens" Edson, Diego e Arthur, surgiram os "super-homens" Pelé, Maradona e Zico. Notemos que esta "esquizofrenia" inerente ao ídolo ou essa divisão em duas *personas*, uma "público-mítica", outra "privada-humana", pode aparecer explicitamente nos discursos de alguns deles como Pelé, por exemplo, que sempre frisou a diferença entre "Pelé" e o "Edson".

A partir deste processo comum em quase toda a narrativa mítica da figura do herói, a biografia de Zico passa a privilegiar o esforço e o trabalho como determinantes para se atingir o sucesso. De forma exemplar, é o próprio Zico quem diz no prefácio do livro de Bucar Nunes, *Zico: Uma Lição de Vida*:

> *Sempre entendi, desde menino, que ninguém será capaz de exercer bem a sua profissão, sem se exercitar bastante e sempre, para o exercício dela. Afinal, não aprendemos que o maior merecimento dos vitoriosos é confiar, apaixonadamente, na eficácia do trabalho? Acho que isto deveria ser, sempre, o objetivo maior de cada um de nós: lutar por aquilo que se gosta. A vitória será consequência. Mas, sem dúvida, muita luta, muito trabalho, muito suor existem no caminho da determinação de cada um.*

Este é um discurso mais próximo da ética puritana das sociedades anglo-saxônicas, afastando-se do modelo "Malasartes" e "Macunaíma" que parte da mídia tende a cultuar no Brasil, especialmente no domínio do futebol. Talvez um estudo sobre a construção da figura mítica de Romário, por exemplo, nos revelaria uma biografia muito mais próxima do modelo "Malasartes" e "Macunaíma", exaustivamente analisado por Roberto DaMatta (1979) que, inclusive, traz para o discurso acadêmico a narrativa do "malandro" como uma vertente tipicamente brasileira, corroborando, assim, a postura adotada por parte da mídia.[2]

O fato é que em ambas as biografias de Zico, a postura "anglo-saxônica" é enfatizada tanto ou mais até do que o talento extraordinário do atleta.

A ascensão de Zico foi bastante gradual com muitos obstáculos no caminho, a começar pelo seu corpo franzino que quase o impediu de, aos treze anos de idade, fazer um teste no Flamengo. Por isso, logo após se firmar na escolinha, Zico se submeteu a um árduo tratamento para reforçar a musculatura e que o levou a renunciar a vários prazeres próprios da adolescência. Este período de sua vida ganha uma dimensão singular em sua biografia. Mais do que dificuldades financeiras, comum nas histórias de vida dos astros do nosso futebol e que ajudam no processo de identificação com os fãs, esta passagem na vida de Zico fala de determinação, esforço e renúncia dando início a uma trajetória repleta de obstáculos rumo ao posto de estrela maior do futebol brasileiro.

> *O despertador tocava no horário habitual: 5h30m da manhã. Com a roupa do Colégio e devidamente alimentado com um café da manhã reforçado, partia para o ponto de ônibus ou para a estação de Quintino. A primeira parada de ônibus ou do trem era a Central do Brasil. Daí à Gávea(...). Chegava cerca de meia hora antes do treino, que iniciava às 9 horas. Mais ou menos às 11 horas estava deixando o campo número dois do Flamengo. Um banho rápido, almoço lá mesmo na cantina da Gávea, e pé na estrada, rumo à cidade, porque às 12h30m as aulas estavam começando(...)Às 5 da tarde, no final da aula, tinha que tomar outra condução. O destino era, novamente a Zona Sul da cidade onde, na Academia Paula Ribeiro, treinava firme até às 8 horas da noite. No retorno para Quintino, aí pelas 9 da noite, mesmo passando pela Central do Brasil para a tradicional 'conexão', o trânsito, facilitado pelo horário, era mais rápido: por volta das 10h30m da noite estava chegando em casa. Banho, um capricho na última alimentação do dia, e pumba...APAGAVA (Bucar Nunes, p. 38).*

A partir daí, passa-se a enfatizar primordialmente a obstinação, o autocontrole e a disciplina de Zico. Bucar Nunes afirma que ele "tinha orgulho do seu autocontrole, da sua determinação, em busca do seu objetivo" (Bucar Nunes, p.: 32) E mais adiante destaca as palavras do médico responsável pelo tratamento: "o que mais me encanta (...) é o seu senso de responsabilidade. É fora do comum a dedicação desse garoto. Nessa idade, a turma geralmente contesta(...). Ele, não. Vai sempre com o mesmo pique, com a mesma vontade, seguindo, literalmente à risca, as nossas determinações" (Bucar Nunes, p. 39). E o próprio Zico, ao se lembrar daquela rotina, faz a seguinte reflexão: "Anos depois, quando sofri aquela contusão no joelho, alguém iria me dizer que na vida a gente precisa de duas coisas: paciência e memória; e precisa de memória principalmente para lembrar que precisa ter paciência." (Zico, p.26).

Este tratamento a que se submeteu ainda bem jovem fez com que Zico ficasse conhecido no início da carreira como "craque de laboratório". Ou seja, de um planejamento "científico", com a ajuda de médicos, nutricionistas e modernas técnicas e aparelhos de educação física, surgiu uma grande estrela do nosso futebol. Era o racional, o objetivo e o matemático unindo-se ao lúdico, ao talento e à improvisação. É interessante notar, no entanto, que apesar das biografias enfatizarem positivamente a dedicação de Zico a este trabalho "científico", à época a alcunha "craque de laboratório" era utilizada, muitas vezes, de forma pejorativa, significando um craque não genuíno, fugindo das características "artísticas", "espontâneas" e "criativas" do nosso futebol[3].

Provações, Derrotas e Conquistas

O que se evidencia nesta biografia é que o mito Zico surge ancorado primordialmente em características de sua personalidade. Este fato é decisivo na construção da figura mítica. Brandão (1993, p. 23) fala de "honorabilidade pessoal", "excelência" e "superioridade em relação aos outros mortais" como virtudes inerentes à condição do herói.. A "superioridade" de Zico em relação aos outros mortais encontra-se mais na forma com que enfrenta os desafios, os obstáculos e as perdas que a vida impõe do que em seu talento extraordinário para a prática do futebol. Neste sentido, a construção da narrativa mítica em torno de Zico enquadra-se no rol dos arquétipos universais de idolatria aos heróis. Ela nos mostra que não basta o ato heroico em si, de forma isolada – no caso, as vitórias, as realizações e os gols no futebol. O herói tem que preencher outros requisitos – tais como perseverança, determinação, luta, honestidade, altruísmo – para se firmar no posto[4]. E Zico os preenche com bastante eficácia.

Ainda dentro desta ideia de arquétipo universal, observamos que a trajetória de vida de Zico é permeada por constantes desafios que ele superou com "armas" da sua personalidade para lograr êxito. Campbell (1990, p. 133/134) explica que as "provações são concebidas para ver se o pretendente a herói pode realmente ser um herói. Será que ele está à altura da tarefa? Será que é capaz de ultrapassar os perigos? Será que tem a coragem, o conhecimento, a capacidade que o habilitem a servir?" De fato, as provações na carreira de Zico começaram bem cedo. Depois do problema do corpo franzino, Zico sofreu uma grande decepção ao não ser convocado para as Olimpíadas de 1972. Seguindo o conselho do próprio técnico da Seleção Olímpica, Zico, que em 1971 já começara a jogar entre os profissionais, voltou para os juvenis a fim de ser convocado para as Olimpíadas que se realizariam no ano seguinte. A convocação não veio e Zico, a princípio, reagiu de forma "humana" e "ordinária", com sentimento de revolta, decepção e muito abatimento : "alguma coisa, uma espécie de confiança nos outros, na justiça do mundo, tinha se desfeito. A seleção havia se classificado para os Jogos Olímpicos com um gol meu, eu confiara na promessa de convocação. Fiquei muito abatido e só pensava em largar o futebol" (Zico, p. 33/34). No entanto, esta "derrota" na carreira do atleta o transformou em um "guerreiro" ainda mais lutador e obstinado: "a primeira semana de treino foi melancólica. Dura de chegar ao fim. Mas já na semana seguinte, ao lembrar da não convocação, treinava com mais garra ainda, transformando toda a sua revolta íntima em energia positiva para treinar" (Bucar Nunes, p. 52).

Porém, mesmo com toda esta dedicação e cada vez mais aprimorando a sua técnica, Zico levou um tempo para ser firmar na equipe profissional do Flamengo. Os técnicos temiam pelo seu corpo ainda franzino e ele passou o ano de 1973 no banco de reservas do time principal sendo escalado em diversas posições durante as partidas. Contudo, até deste fato, Zico tirou algo de positivo enfatizando que aprendeu a jogar em todas as posições do ataque, o que o tornou ainda mais versátil e completo para o futebol moderno (Bucar Nuces, p. 61 e Zico, p. 36). Mas o que a biografia de Zico mais sublinha é o início de um caminho cheio de provações e obstáculos superados através de um espírito de luta fora do comum: " foi um período difícil. Precisava me superar em cada jogo, em cada treino, provar a cada dia para todo mundo que tinha condições de ser titular" (Zico, p. 37).

A oportunidade para vir a ser titular da equipe veio em 1974, quando o técnico dos juvenis – que tinha sido campeão com Zico e que, portanto, conhecia todo o seu potencial – assumiu o comando do time profissional. Mais uma vez, uma surpresa: início do primeiro treino com o novo técnico no comando e Zico estava escalado na reserva. No entanto, este fato serviu para despertar definitivamente o espírito guerreiro e desenvolver o senso de profissionalismo: "agora a vontade maior era mostrar, imediatamente, a si próprio, que não iria faltar garra para dar a volta por cima mais uma vez. Com satisfação ou não, era profissional e estava ali para treinar" (Bucar Nunes, p.63). O resultado foi que marcou dois "gols belíssimos" e os reservas venceram por 3 a 1 (Bucar Nunes, p. 64). Estava conquistada, de forma sofrida, a posição de titular. Deste momento em diante, Zico mitifica a camisa 10 do Flamengo, conhece a fama e transforma-se em um grande ídolo. Tudo isso, porém, em um caminho cheio de obstáculos e provações. Conforme ele mesmo diz:

> *Por toda a minha carreira, enfrentei diversas tentativas de desacreditar meu futebol. Já disseram que eu só era bom jogador no Maracanã, que não sabia jogar na seleção, que não suportava marcação à europeia, e mais dezenas de acusações às quais respondia jogando. Era o que eu sabia fazer: jogar futebol (Zico, p. 45)*

> *Aprendi com meu pai a respeitar meu trabalho e a valorizar o que consigo com meu esforço. Todo dia tínhamos que treinar finalizações e passes. São nossos instrumentos de trabalho(...) Eu me habituei a ser o jogador mais cobrado. Estava em evidência o tempo todo, era minha responsabilidade, inclusive, dar o exemplo de dedicação e profissionalismo, não faltar aos treinos sem motivo justo, não perder voos nem horários(...)Eu queria fazer carreira, queria ser o melhor, ou pelo menos estar entre os melhores. Então, isso tinha um preço, havia responsabilidades incluídas nesse objetivo. (Zico, p.56/57)*

Referindo-se a um episódio ocorrido na vida de Zico em 1979, Bucar Nunes destaca de forma emblemática:

> *E foi com absoluta convicção que ele pôde comprovar, mais uma vez, que o TRABALHO com DETERMINAÇÃO é o capital que menos falha. E, então Deus ajuda. Os comentários, apesar do sucesso do Flamengo e dos gols fora de série, que surgiam a cada partida, eram maldosos. Principalmente em relação aos jogos internacionais(...)Estava mostrando ao mundo que tinha condições de estar entre os melhores porque tinha trabalhado com afinco, desde criança, para vencer na sua profissão.(Bucar Nunes, p.: 110/114) (Os destaques são do autor)*

O que se verifica, de forma nítida, na biografia de Zico é a construção de uma narrativa na qual uma série de obstáculos, perdas e fracassos são sempre acompanhados de uma história de muito trabalho, determinação e profissionalismo: "nada acontece por acaso e para todas as coisas há um preço. Em qualquer atividade, treinamento e persistência são fundamentais" (Zico, p 125). Dentro da explicação de Umberto Eco(1979) sobre o fascínio que o mito do super-homem exerce sobre nós, podemos dizer que do Zico "humano" – e as perdas das Copas do Mundo contribuíram para dar um tom ainda mais "humano" à sua biografia – surge o "ídolo", um ser "extraordinário" que através de muita luta, treino, trabalho e esforço superou os obstáculos e atingiu a glória. No final das contas, estamos diante de um vitorioso, hoje um empresário bem-sucedido.

Assim, a biografia de Zico ao enfatizar, de forma peremptória, o sucesso através do esforço e do trabalho, junta-se aos modelos de heróis mais próximos das sociedades anglo-saxônicas, permeadas por uma ética única do trabalho e do indivíduo. Este modelo é antagônico ao padrão predominante na construção da idolatria nas narrativas, por assim dizer, "oficiais" – nas quais a mídia é o instrumento legitimador – no Brasil. Aqui, temos frequentemente um ideal "essencializado" de seres "moleques" e "irreverentes". O ponto que quero chamar a atenção é que a biografia de Zico, mesmo contrariando este padrão "oficial", também é uma vertente brasileira. Posto que se faz sucesso é porque "cola" com os anseios da comunidade. Mesmo que a maioria dos modelos de idolatria em nossa sociedade enfatize um padrão mais próximo do que "essencializamos" como sendo tipicamente brasileiro, há espaço para outras narrativas mais universalistas, mas que nem por isso deixam de ser brasileiras. É importante estarmos atentos para os discursos que fogem dos padrões considerados "oficiais". Eles podem ser extremamente reveladores de faces do Brasil que não nos acostumamos a celebrar.

Referências bibliográficas

BRANDÃO, Junito de Souza. *Mitologia Grega, vol. 3* – Petrópolis, Vozes, 1993.

BUCAR NUNES, Marcus Vinícius. *Zico: uma lição de vida* – Brasília, Offset Editora Gráfica e Jornalística, 1986.

CAMPBELL, Joseph. *O Herói de Mil Faces* – São Paulo, Cultrix, 1995.

COELHO, Maria Claudia e HELAL, Ronaldo. "A Indústria Cultural e as Biografias de Estrelas: as histórias de Babe Ruth e Tina Turner" in *Cadernos Pedagógicos e Culturais v5 n. ½* – Centro Educacional de Niterói: 55-62, 1996.

DAMATTA, Roberto. – *Carnavais, Malandros e Heróis*. Rio de Janeiro, Zahar, 1979.

ECO, Umberto – *Apocalípticos e Integrados* – São Paulo, Perspectiva, 1979.

HELAL, Ronaldo – "Mídia, Ídolos e Heróis do Futebol". *Revista de Comunicação, Movimento e Mídia na Educação Física*, vol.2, CEFD/UFSM: 32-52, 1999.

_____. "Cultura e Idolatria: Ilusão, Consumo e Fantasia". In: Rocha, Everardo (org.) *Cultura e Imaginário* – Rio de Janeiro, Mauad: 135-150, 1998.

_____. "Mídia, Construção da Derrota e o Mito do Herói". *Motus Corporis* vol. 5 n.2, Rio de Janeiro, UGF: 141-155, 1998.

HELAL, Ronaldo e GORDON Jr., Cesar C.. "Sociologia, História e Romance na Construção da Identidade Nacional Através do Futebol". *Estudos Históricos*, Rio de Janeiro, FGV: 147-165, 1999.

MORIN, Edgar. *As Estrelas de Cinema*. Lisboa, Horizonte, 1980.

ROCHA, Everardo. "As Invenções do Cotidiano: o descobrimento do Brasil e a conquista do Tetra", in Pesquisa de Campo n° ¾, Núcleo de Sociologia do Futebol/UERJ: 9-20, 1996.

SOARES, Antonio Jorge. *Futebol, raça e nacionalidade: releitura da história oficial*. Tese de Doutorado. Programa de Pós-graduação em Educação Física, Rio de Janeiro, Universidade Gama Filho, 1998.

TÁVOLA, Artur. *Comunicação é Mito* – Rio de Janeiro, Nova Fronteira, 1985.

ZICO. *Zico Conta Sua História* – São Paulo, FTD, 1996.

---

[1] Muitas das observações aqui apresentadas foram extraídas, com algumas alterações, do artigo "Mídia, Ídolos e Heróis do Futebol" publicado na revista *Comunicação, Movimento e Mídia na Educação Física*, vol.2 , ano 2, CEFD/UFSM, 1999.

[2] Sobre uma discussão a respeito da reprodução de narrativas da imprensa pela academia ver Soares (1998) e Helal e Gordon (1998).

[3] Esta observação está calcada em depoimentos tomados pelo autor de pessoas ligadas ao universo do futebol.

[4] Para uma análise sobre o modelo universal da figura do herói tendo como fonte de análise o filme "Herói por Acidente" de Stephen Frears, ver Helal in Rocha (1998).

MÍDIA, CONSTRUÇÃO DA DERROTA E O MITO DO HERÓI*

Ronaldo Helal

Introdução

A derrota do Brasil para a França na final da Copa do Mundo de 1998 suscita algumas questões sobre as narrativas de construção de conquistas e derrotas e a representação social dos ídolos na modernidade. Sendo assim, pretendo analisar a forma como foram narrados os acontecimentos que marcaram a derrota da seleção e a cobertura do noticiário esportivo sobre o jogador Ronaldinho durante a Copa do Mundo de 1998[1]. Esta análise torna-se importante por duas razões. Primeiro porque entendo que a dramatização de um fato é, frequentemente, mais importante do que o fato em si na compreensão dos princípios que norteiam o imaginário coletivo. Segundo porque um olhar cuidadoso sobre o material jornalístico impresso nos ajuda a entender os recursos acionados pela mídia na construção da trajetória mítica do herói na modernidade.

Este ensaio está dividido em três partes. Na primeira faço uma apresentação sucinta da relação entre mídia e sociedade com a intenção de traçar as bases para um entendimento do esporte moderno como um fenômeno "midiatizado". Na segunda, analiso a forma como a derrota para a França foi socialmente construída no Brasil,

---

* Este artigo foi originalmente publicado na Revista Motus Corporis, vol. 5, n° 2, Universidade Gama Filho, 1998. Ele faz parte do projeto "Meios de Comunicação, Idolatria e Cultura Popular no Brasil" apoiado pelo CNPQ.

e, na terceira o foco recai sobre a representação social dos ídolos tendo como fonte de análise precípua a narrativa mítica do "drama" que envolveu o jogador Ronaldinho na partida final contra a França.

Mídia, Sociedade e Esporte

Uma das críticas clássicas mais recorrentes elaboradas pelos estudiosos da cultura de massa diz que, com o advento dos modernos meios de comunicação de massa – o que hoje convencionamos chamar de mídia – a cultura popular, essencialmente transmitida por contatos pessoais, espontânea e criativa, deixa de existir, já que aqui, no universo da indústria cultural, exige-se que um número reduzido de pessoas produzam "cultura" para uma grande maioria. Se para alguns, a cultura de massa colocava ao alcance do "homem comum" uma riqueza cultural até então limitada a pequenos grupos de elite, para os críticos, a modernidade estaria destruindo aspectos primordiais de representações e identidades culturais genuinamente populares. Muito em voga nos anos 60 e 70, este debate que chegou a dividir os contendores em dois grupos distintos alcunhados exemplarmente por Umberto Eco de "apocalípticos" e "integrados", necessita ser revisto nesta virada de milênio já que ele não consegue mais explicar os fenômenos cada vez mais complexos da chamada sociedade moderna dos anos 90[2]. Afinal, o "popular" e o "massificado" ou "espetacular", o público "passivo" e os atores "ativos" se encontram cada vez mais fundidos dentro de uma dimensão que podemos chamar de cultura da modernidade.

O tom frequentemente apaixonado daquele debate deveu-se, certamente, às novidades e mudanças de costumes e reorganização de tempo e espaço que o desenvolvimento da mídia provocou na sociedade. Hoje, as teorias sobre comunicação de massa adotam uma perspectiva que busca mostrar que, como qualquer cerimônia tribal, os espetáculos modernos também necessitam de testemunhas (público) para legitimar seus eventos[3]. Mais do que meros espectadores passivos, estas testemunhas são parte integrante da "cerimônia espetacular". Assim, mídia, público, ídolos, fãs, indivíduo anônimos e celebridades, artistas e audiência, ao mesmo tempo em que fazem parte de dimensões socioexistenciais diferenciadas, coexistem dentro de um universo integrado onde uma parte não faz sentido sem a outra.

A perspectiva adotada aqui é a de que mídia e sociedade moderna não podem ser entendidas como departamentos autônomos, independentes entre si: a sociedade moderna é, em última instância, uma sociedade "midiatizada". A mídia seria, assim, um espaço privilegiado de produção de discursos sociais e dos espetáculos esportivos modernos como um dos emblemas mais visíveis deste processo de "midiatização" de eventos culturais.

A Construção Social da Derrota na Copa do Mundo de 1998

A Copa do Mundo é um excelente momento para se refletir sobre o significado do futebol no Brasil, já que, nesta época, as manifestações deste esporte tornam-se muito mais intensas e dramáticas. Se pertencer a uma comunidade é "partilhar um nome, uma história e uma consciência mútua" (Gusfield in Burke, 1989, p.30), o futebol promove com exemplar eficiência esta consciência, especialmente durante uma Copa do Mundo. De fato, neste período, alternamos estados de êxtase e de agonia e invertemos muito dos valores do nosso cotidiano. As ruas da cidade, por exemplo, transformam-se em um espaço rico em demonstrações e exaltações de caráter lúdico, estimulando um forte sentido de ser membro da comunidade. Neste período, o espaço público torna-se de domínio privado, intimista, com desconhecidos comunicando-se entre si em total frenesi. Com poucas oportunidades para manifestações coletivas de sentimentos intensos, o homem moderno encontra neste espetáculo esportivo, uma experiência única e singular que ganha uma dimensão simbólica ainda maior em um país onde a totalidade, o sentido patriótico e a identidade nacional são mais facilmente atingidos nas esferas informais (DaMatta, 1979)[4].

A Copa do Mundo de 1998 tinha uma particularidade especial para os brasileiros. Único país a sagrar-se campeão da competição por quatro vezes, a conquista do pentacampeonato seria a consagração "definitiva" do Brasil como o "país do melhor futebol do mundo", já que esta era a última Copa do século.

Campeão em 1994 e com Ronaldinho eleito por duas vezes consecutivas, em 1996 e 1997, o melhor jogador do planeta, a seleção brasileira era apontada pela imprensa internacional como a favorita para ganhar mais uma Copa do Mundo. No decorrer da competição, algumas fracas atuações do selecionado tiraram do Brasil este favoritismo. No entanto, após a vitória nos pênaltis contra a Holanda nas semifinais, o clima de euforia tomou conta de vez dos brasileiros e algumas edições da mídia adiantaram os atributos que, porventura, seriam mais acionados em caso de vitória na final: a força e a grandeza da mistura de raças no Brasil[5]. Se na derrota de 50 estes predicados tinham sido acionados de forma negativa, nas conquistas das Copas eles foram, quase sempre, utilizados de forma positiva[6]. A vitória não veio e curiosamente foi a França que terminou por fazer uso de atributos multiétnicos no discurso da conquista, o que demonstra como o esporte de massa – no caso, o futebol – expressa, de forma peremptória, conflitos e sentimentos intensos latentes em uma cultura.

No entanto, a derrota da nossa seleção não trouxe à tona , desta vez, a questão da miscigenação racial do Brasil. Tristes e perplexos, diante de um fato inesperado, os brasileiros foram, pouco a pouco, construindo as razões para a derrota e terminaram por eleger um vilão principal: a mercantilização do futebol. Rumores e boatos de que o time teria "entregue o jogo" mediante uma quantia fantástica de dinheiro oferecida pela FIFA ou pela França[7]; ou de que a Nike teria forçado Ronaldinho a entrar em campo sem condições físicas, passaram a fazer parte das conversas do nosso cotidiano na semana após a final. No primeiro caso, estamos diante de um raciocínio conspiratório que parece nos dizer que não valeu a pena torcer pela seleção, pois o universo do futebol é formado por dirigentes corruptos e jogadores mercenários. Já no segundo caso, os jogadores são inocentados e fazemos então um apelo aos dirigentes e patrocinadores para pensarem mais nos atletas como seres humanos e não como máquinas. Talvez por ser mais verossímil, esta segunda versão foi a que ganhou espaço na mídia. Porém, em ambas narrativas, fomos derrotados pela comercialização do futebol.

Curioso é que a derrota não pode ser explicada simplesmente porque um time jogou melhor do que outro. Utilizamo-nos frequentemente de explicações que transcendem o campo de jogo. Afinal, somos o "país do futebol", quatro vezes campeão do mundo e berço do atleta do século. Orgulhamo-nos disto e depositamos na seleção muito mais do que uma simples vontade de vencer uma partida de futebol.: fazemos dela um símbolo dos nossos desejos e temores. Por isso, as construções das vitórias e das derrotas da nossa seleção sejam tão reveladoras de sentimentos mais profundos, que não se esgotam em análises técnicas de partidas de futebol.

Ao explicar a perda do pentacampeonato com um discurso que acusa a mercantilização do futebol, a construção mítica da derrota na França tocou em aspectos paradoxais que permeiam, de forma implacável, o espetáculo esportivo moderno. Afinal, trata-se de um evento que combina imagens e atitudes aparentemente antagônicas que nos remetem à ideia ora de lucro, ora de paixão, ora de profano, ora de sagrado. Só que com a derrota, o imaginário coletivo brasileiro concentrou o seu foco primordialmente no lucro e no profano e terminou por gerar um abismo muito grande entre os torcedores e a complexa rede de negócios que se forma em torno do esporte[8].

A Representação Social dos Ídolos

No bojo da narrativa mítica da derrota na França, despontou uma outra que fala da representação social dos ídolos, figuras fundamentais na produção dos eventos de massa e que exercem um enorme fascínio na comunidade. De fato, um fenômeno de massa não consegue se sustentar por muito tempo sem a presença de "heróis", "estrelas" e "ídolos". São eles que levam as pessoas a se identificarem com aquele evento. Eles representam a nossa comunidade, frequentemente sobrepujando obstáculos aparentemente intransponíveis.

A narrativa clássica em torno da figura do herói fala de luta, superação de obstáculos aparentemente intransponíveis e de redenção e glória de um povo. O herói tem que cumprir sua missão: conceder dádivas aos seus semelhantes. Conforme colocou Campbell (1995:36) "o herói parte do mundo cotidiano e se aventura numa região de prodígios sobrenaturais; ali encontra fabulosas forças e obtém uma vitória decisiva; o herói retorna de sua misteriosa aventura com o poder de trazer benefícios aos seus semelhantes".

Esta característica do "ídolo-herói" acaba por transformar o universo do futebol em um terreno extremamente fértil para a produção de mitos e ritos relevantes para a comunidade. Dotados de talento e carisma, o que os singulariza e os diferencia dos demais, estes "heróis" são paradigmas dos anseios sociais e através das narrativas de suas trajetórias de vida, uma cultura se expressa e se revela (Helal e Murad, 1995).

Assim, a seleção brasileira chegou à França depositando as suas esperanças em duas estrelas: Romário e Ronaldinho. O primeiro, ídolo maduro, herói da conquista do tetra. O segundo, um mito internacional, o melhor do mundo por dois anos consecutivos, um "fenômeno", como é conhecido na Itália, que tinha a missão de mostrar os seus "super poderes" na competição mais importante do universo do futebol e ajudar o Brasil a conquistar o pentacampeonato. Com a saída precoce de Romário, a missão heroica da conquista volta-se toda para Ronaldinho. Ídolo mundial e estrela maior do time, faltava ainda a ele a alcunha de herói da seleção. Aos 21 anos, muito rico e famoso, Ronaldinho – o "intermediário entre os homens e os Deuses" – teria sucumbido na partida final às intensas pressões depositadas na representação de sua figura. E aqui cabem algumas observações.

Durante a Copa, Ronaldinho foi o centro das atenções no noticiário esportivo. Com atuações consideradas razoáveis pela crítica especializada, a mídia ora especulava sobre problemas no seu joelho esquerdo, ora sobre ele "estar acima do peso" e até sobre uma possível crise no relacionamento com a namorada para justificar o rendimento abaixo do esperado pelos fãs. A juventude, o intenso assédio da imprensa e dos fãs, a fama e a riqueza precoce, quando citadas, ganhavam contornos míticos que faziam de Ronaldinho um ser ainda mais especial, capaz de realizar façanhas inéditas que até então nenhum outro tinha conseguido. Assim, a imprensa ressalta a sua "maturidade de veterano" e diz que ele é "incapaz de fazer promessas mirabolantes e deitar falação sobre adversários só para chamar atenção da mídia. É um astro natural e, com isso, o mundo o reverencia" (Jornal do Brasil , 23/06/98). A mídia recorre ainda a comentários de ídolos do passado sobre sua personalidade "madura", como por exemplo no destaque dado a esta afirmação de Zico: "ele é muito tranquilo, tem personalidade, parece estar preparado para toda esta cobrança mesmo com 21 anos de idade"(Jornal do Brasil, 02/07/98).

É verdade, no entanto, que em outras ocasiões, estas características – juventude, assédio da imprensa e dos fãs, fama precoce – eram vistas como obstáculos ainda a serem superados pelo candidato a herói.[9] Porém, nesta alternância de atitudes em relação a estas mesmas características, a tendência predominante na mídia até a partida final era a ênfase na condição de "veterano", de "jovem, mas maduro", de "preparado para superar desafios", do extraordinário jogador.

No dia do jogo contra a Holanda, pelas semifinais, ficamos sabendo, por exemplo, que Ronaldinho desejaria dedicar o título mundial para as crianças do Brasil: "o que Pelé fez quando marcou o milésimo gol, Ronaldinho pretende repetir 29 anos depois, caso o Brasil vença hoje a Holanda e no domingo conquiste a Copa: dedicar o título às crianças carentes do Brasil"(Jornal do Brasil, 07/07/98). Assim, na "crônica da vitória anunciada", relembramos do gesto de Pelé no passado e começamos a preparar o "coroamento" de Ronaldinho como o novo "rei do futebol". Nesta mesma edição, ficamos sabendo ainda que "o Fenômeno está tranquilo. A ansiedade que existe não fica muito evidente na fisionomia ou no olhar. 'Estou aqui para ajudar. A Seleção é um grupo e não depende apenas de mim' (Jornal do Brasil, 07/07/98). Tranquilidade, humildade e altruísmo são características que vão compondo o perfil da conduta exemplar que exigimos do candidato a herói. Porém, ao mesmo tempo em que demonstra estas qualidades, Ronaldinho não deixa de lado a ambição de ser sempre o melhor, de se superar, de quebrar recordes: "com 21 anos posso ser bicampeão mundial agora e, como sou jovem, chegar a quebrar algum recorde. O Zagallo se orgulha de ser tetra e quer o penta. Eu também posso chegar a isso, somente como jogador. Não gosto de ficar fazendo projetos, mas esta possibilidade existe". Mais uma vez, a pouca idade é valorizada como um atributo que o distingue dos demais ídolos sendo complementada com uma atitude madura, serena e humilde.

Após a vitória nos pênaltis e com uma boa atuação de Ronaldinho contra a Holanda, a narrativa da mídia ganha contornos nítidos para transformá-lo no herói que tinha a missão de trazer o pentacampeonato para o Brasil:

> *"Ao mesmo tempo em que driblava zagueiros, marcava gols e fazia jogadas inesquecíveis, Ronaldinho se acostumou a ouvir todo tipo de crítica. Diziam que o craque estaria acima do peso. Afirmaram que Ronaldinho não estaria jogando na Copa do Mundo o que se espera de um jogador considerado o melhor do mundo. Até intromissões em seu namoro com a modelo Suzana Werner, Ronaldinho teve que ouvir. A resposta aos críticos – muitos deles, exagerados – veio após os 120 minutos jogados contra a Holanda(...)Ronaldinho sabe que sempre esteve ligado a cobranças. O falatório em torno de seu nome aumentou na Copa. Praticamente todas as revistas esportivas da Europa estampam a foto do craque na capa. 'Aprendi a conviver com cobranças. Foi assim quando fui para o Internazionale. Diziam que eu não me adaptaria ao estilo do futebol italiano, que tem marcação mais dura que na Espanha'" (Jornal do Brasil, 08/07/98.)*

Monta-se, assim o palco para o surgimento do super-herói. Jovem, extremamente talentoso, humilde mas ao mesmo "ambicioso", "maduro", acostumado a "conviver com cobranças", Ronaldinho era a grande esperança dos brasileiros e o temor dos adversários: "embora muita gente diga que ele ainda não desencantou neste Mundial, Ronaldinho impõe respeito. E temor. É como se todos os adversários temessem que o vulcão despertasse, por azar, justamente durante suas partidas contra o Brasil" (Jornal do Brasil, 10/07/98). Na edição de 12 de julho de 1998, dia da partida final contra a França, o jornal O Globo destaca uma foto do astro posando com um pôster de Madre Teresa de Calcutá, enfatizando que Romário fez o mesmo em 1994 e que a foto seria doada à manutenção do hospital com o nome da religiosa, na Índia. Ora, o "herói do penta" repetindo o gesto do "herói do tetra". A saga do herói não termina e deve ser continuada por alguns eleitos.

Ciente de sua missão, Ronaldinho diz que está "disposto a morrer em campo. Não importa se está doendo o joelho ou o tornozelo, o que importa é o jogo"[10]. E a edição da mídia complementa: "o melhor do mundo espera corresponder às expectativas de 160 milhões de brasileiros e conquistar o penta hoje" (O Globo, 12/07/98).

O Brasil perdeu de 3 a 0 para a França e Ronaldinho, como todo o time, teve uma atuação muito fraca. E aí começamos a montar um outro palco para a saga do herói. Algumas passagens merecem ser destacadas por serem paradigmáticas da forma como a mídia explicou o "fracasso" do "mito".

> *"O fenômeno é muito mais humano do que gostaria a brava gente brasileira. Ronaldinho sentiu a pressão de ser o melhor do mundo e estar decidindo o Mundial. Teve problemas neurovegetativos (segundo o jargão médico) que resultaram em complicações estomacais e até convulsões – tudo causado pela ansiedade (...) Aos 21 anos, o Fenômeno sentiu o peso das cobranças. A juventude do maior craque brasileiro é uma razoável explicação para seu mau desempenho" (Jornal do Brasil, 13/07/98)*

"Solitário na concentração, Ronaldinho passava horas a fio navegando na Internet, onde entrava em grupos de conversação (...) O certo é que foi ali, diante de um computador, que Ronaldinho extravasou suas emoções em momentos de alegria e de tristeza – coisa pouco usual para um jogador de 21 anos. Por mais que gostasse de informática ou que visse naquilo uma terapia ocupacional,. Ronaldinho fez do computador e não de algum companheiro, seu maior amigo na concentração" (O Globo 14/07/98)

"Às vésperas da partida contra a Dinamarca, os empresários do jogador começaram a temer por Ronaldinho. Sabiam que ele não tinha coisa alguma nos joelhos que pudesse comprometer suas atuações e estranhavam o fato de ele não manter a regularidade(...) 'O Ronaldo puxou para ele a responsabilidade de levar o Brasil ao título. A saída do Romário aumentou a responsabilidade e ele acabou vencido pelo lado emocional. Ele foi um guerreiro e fez o que pôde' – disse Pitta" (empresário do jogador). (O Globo, 14/07/98)

"Nélio, pai de Ronaldinho e acostumado a só ter boas notícias do craque, teve uma noite de pesadelo. Viu o seu filho, chamado por muitos de Fenômeno e tratado pela mídia como um super-homem cercado de dinheiro e belas mulheres, se transformar de novo no menino desamparado em busca do colo paterno – ele passou em claro a noite da derrota (...) 'Ronaldo não parava de chorar, só queria ficar abraçado comigo. Dizia: me abraça pai, por favor. Acordava toda hora e pedia mais abraço, mais carinho, ele praticamente dormiu abraçado comigo. Ficava repetindo que queria dar essa Copa ao Brasil, eu queria pai. Foi horrível', disse o pai do maior jogador do mundo, que viajou no avião da seleção (...) Na hora da dor, Sônia (mãe do jogador) também transforma o jovem Fenômeno de 21 anos em criança carente. 'É hora da família dar uma força para o menino'" (Jornal do Brasil, 14/07/98).

"A maneira como Ronaldinho atendeu à imprensa ontem, por trás das grades do condomínio em Jacarepaguá, reflete o estado do espírito do craque. 'Parece que estou numa prisão. Estão tentando botar em mim a culpa pela derrota', protestou (...) 'Ele é apenas um garoto de 21 anos que tem o direito de levar uma vida um pouquinho normal', pediu o empresário do jogador Reinaldo Pitta" (Jornal do Brasil, 17/07/98)

Nestas passagens observamos que na "derrocada" do ídolo, os fãs "descobrem" que o mito é um "mortal", um "homem como outro qualquer", que tem suas fraquezas, passa mal, dorme abraçado ao pai nos momentos difíceis, sofre de solidão, sente-se aprisionado e ainda, de forma emblemática, trata-se apenas de "um menino". Assim, na "queda" do ídolo, presenciamos a sua "humanização". Ao invés do super-homem Ronaldinho, "descobrimos" Ronaldo, o homem, o mortal. Os fãs se familiarizam com ele e muitos querem lhe dar colo[11].

Nesta inversão, abrimos, sem nos darmos conta, o caminho para a trajetória heroica do ídolo Ronaldinho. O mito do super-homem, o das histórias em quadrinhos, por exemplo, exerceu todo o seu fascínio justamente por ele viver entre os homens sob as falsas vestes do jornalista Clark Kent. Conforme análise do escritor e teórico da comunicação, Umberto Eco, Clark Kent é um tipo "aparentemente medroso, tímido, de medíocre inteligência, um pouco embaraçado, míope" e, por isso mesmo, através de um processo de identificação, qualquer um pode nutrir "secretamente a esperança de que um dia, das vestes da sua personalidade, possa florir um super-homem capaz de resgatar anos de mediocridade" (Eco, 1979: 247/248). É como se o problema de Ronaldinho aproximasse o ídolo dos fãs, que o veem, neste momento, como um tipo comum, aumentando, assim, a identificação e lançando as bases para sua trajetória heroica, já que, em tese, as provações são concebidas para ver se o pretendente a herói pode realmente ocupar o "cargo". Pelo menos, neste instante, o ídolo cumpre a função de agrupar em torno da sua figura as diferenças de uma sociedade que se solidariza com seu drama.

Além de seu extraordinário talento, o que o singulariza dos demais "astros" de sua geração, Ronaldinho tornou-se "fenômeno", por ter construído em tão pouco tempo de vida, uma trajetória marcada por contratos milionários e uma expressiva popularidade internacional. Foi preciso experimentar um "fracasso", para que a sociedade se desse conta de que por detrás da figura mítica do ídolo, encontra-se o homem – ou o "menino" – Ronaldo. E, a partir daí, montar uma outra trajetória para o mito do herói.

Desta forma, o processo de humanização do mito elaborado pela sociedade imediatamente após o "fracasso" do craque na final da Copa do Mundo, lança as bases para uma nova narrativa mítica em torno de Ronaldinho como o herói da seleção. Para Campbell, estas situações de "afastamento" tornam-se necessárias para que o herói "volte renascido, grandioso e pleno de poder criador" (Campbell, 1995: 40). A trajetória de Ronaldinho, iniciada primeiro como mito, passa a ganhar agora um contorno mais humano, que fala de desafios, provações e superação de obstáculos, fundamentais na construção da narrativa mítica da saga do herói.

Referências bibliográficaa

CAMPBELL, Joseph. O *Herói de Mil Faces*. São Paulo, Cultrix, 1995.

COHN, Gabriel (org.). *Comunicação e Indústria Cultural*. São Paulo: Companhia Editora Nacional, 1977.

Costa Lima, Luis (org.). *Teoria da Cultura de Massa*. Rio de Janeiro: Paz e Terra, 1982.

ECO, Umberto. *Apocalípticos e Integrados*. São Paulo: Perspectiva, 1979.

GORDON JR., César C. "História Social dos Negros no Futebol Brasileiro". *Pesquisa de Campo/Revista do Núcleo de Sociologia do Futebol/UERJ*. Rio de Janeiro. 2: 71-90, 1995.

_____. "'Eu já fui preto e sei o que é isso', História Social dos Negros no Futebol Brasileiro: segundo tempo". *Pesquisa de Campo/Revista do Núcleo de Sociologia do Futebol/UERJ*. Rio de Janeiro. 3/4: 65-78, 1996.

GUSFIELD, Joseph. "Introduction" in Burke, Kenneth – *On Symbols and Society* – Chicago, Chicago University Press, 1989.

HELAL, Ronaldo. "Futebol, Cultura e Cidade". *Revista Logos* n° 5, Faculdade de Comunicação Social UERJ: 5-8, 1996.

HELAL, Ronaldo e MURAD, Mauricio. "Alegria do Povo e Don Diego: reflexões sobre o êxtase e a agonia de heróis do futebol" – *Pesquisa de Campo/Revista do Núcleo de Sociologia do Futebol/UERJ*. Rio de Janeiro, no. 1: 63-79, 1995.

LASCH, Christopher. A *Cultura do Narcisismo*. Rio de Janeiro: Imago, 1980.

MORIN, Edgar. *As Estrelas de Cinema*. Lisboa: Horizonte, 1980.

PERDIGÃO, Paulo. *Anatomia de Uma Derrota*. São Paulo: L & PM Editores, 1986.

ROCHA, Everardo. *A Sociedade do Sonho*. Rio de Janeiro, Mauad, 1995.

ROSENBERG, Bernard e MANNING -WHITE, David (orgs.). *Cultura de Massa*. Rio de Janeiro: Cultrix, 1973.

SOARES, Antonio Jorge. *Futebol raça e nacionalidade no Brasil.- releitura da história oficial*. Rio de Janeiro, 1998. Tese (Doutorado em Educação Física) – Programa de Pós-graduação em Educação Física, Universidade Gama Filho, 1998.

VERNANT, Jean Pierre. "A Bela Morte e o Cadáver Ultrajado". *Discurso* – Departamento de Filosofia da Faculdade de Filosofia, Letras e Ciências Humanas da USP, n° 9, 1978

VOGEL, Arno. "O Momento Feliz, Reflexões sobre o Futebol e o ethos nacional". In: Roberto DaMatta (Org.). *Universo do Futebol: esporte e sociedade brasileira*. Rio de Janeiro: Pinakotheke: 75-115, 1982.

[1] Foram pesquisados os Jornais O Globo e Jornal do Brasil. Agradeço aos meus bolsistas de iniciação científica da Uerj, Fábio Borges e Rodrigo Abreu, pela coleta e sistematização do material impresso que incluiu além dos jornais citados, o Jornal dos Sports e algumas edições da Revista Veja e da IstoÉ.

[2] Para uma análise deste debate ver as coletâneas organizadas por Rosenberg, B. e Manning-White, D. (1973), Costa Lima, L. (1982), Cohn, G. (1975) e a obra de Eco, U. (1979). A perspectiva "integrada", assim batizada por Eco, enfatizava os benefícios causados pela democratização da informação e pela homogeneização cultural da modernidade.

[3] Ver Lasch, C. (1983) e Rocha, E. (1995). Este último propõe um novo modelo de análise da Indústria Cultural, ao qual denomina de "perspectiva etnográfica".

[4] Para uma análise das manifestações culturais do futebol no espaço urbano ver Helal (1996).

[5] Refiro-me especialmente à edição do Jornal Nacional da Rede Globo do dia 11 de julho de 1998, véspera da decisão.

[6] Sobre as representações sociais da derrota de 50 ver Perdigão (1986) e sobre esta derrota e a conquista do tricampeonato em 1970 ver Vogel in DaMatta (1982). Ver também Gordon Jr. (1996 e 1995) e Soares (1998) para uma discussão sobre as representações do negro na formação da identidade nacional através do futebol.

[7] Esta "noticia" foi veiculada pela Internet e ganhou contornos dramáticos no imaginário coletivo brasileiro para explicar a derrota.

[8] Observemos que quanto mais o esporte se profissionaliza e transforma-se em uma grande indústria, maior a necessidade de se entender o amadorismo e a paixão dos torcedores. Do ponto de vista sociológico, estes confrontos entre o profissional e o amador, entre o lucro e a paixão, entre o sagrado e o profano, transformam o universo esportivo em um emblema da convivência de sentimentos antagônicos relevantes para se compreender os dilemas da modernidade.

[9] Ver por exemplo a coluna de Sergio Noronha "Neném Dodói" no Jornal do Brasil de 27 de junho de 1998, a de Oldemário Touguinhó "A Dor do Sucesso" no Jornal do Brasil de 30 de junho de 1998 e a entrevista do jogador Dunga, capitão da seleção, publicada no Jornal do Brasil de 2 de julho de 1998.

[10] Na Grécia antiga era o desejo do guerreiro morrer jovem em batalha para poder ser mitificado como herói. Ver Vernant (1978)

[11] A imagem de Ronaldinho como um menino aparece diversas vezes inclusive em análises de alguns colunistas. Ver, por exemplo, o artigo "Apenas um Jovem" de Paulo César Vasconcellos (Jornal do Brasil, 15/07/98) e o artigo "Pobre Rapaz Milionário" de Villas-Bôas Corrêa (Jornal do Brasil, Seção Opinião, 26/07/98).

Características deste livro:

Formato: 14 x 21 cm

Mancha: 10,5 x 17,0 cm

Tipologia: Times New Roman 11/14

Papel: Ofsete 75g/m² (miolo)

Cartão Supremo 250g/m² (capa)

1ª edição: 2001

2ª edição: 2012